B 225

FRAGMENS

DES

ÉTUDES DE MOEURS

AU XIXe SIÈCLE.

PARIS, IMPRIMERIE DE BÉTHUNE ET PLON,
Rue de Vaugirard, 36.

LA FEMME
SUPÉRIEURE.

LA MAISON NUCINGEN, LA TORPILLE;

PAR

M. DE BALZAC.

TOME I.

PARIS.
WERDET, ÉDITEUR,
RUE DES MARAIS-SAINT-GERMAIN, N° 18.

1838.

PRÉFACE.

Voici trois fragmens qui, plus tard, se retrouveront à leur place dans les *Études de mœurs*. Le premier a le malheur de s'appeler la Femme supérieure, titre qui n'exprime plus le sujet de cette Étude où l'héroïne, si tant est qu'elle soit supérieure, n'est plus qu'une figure accessoire au lieu de s'y trouver la principale.

Ici, l'auteur avouera de bonne grace

l'une des mille petites misères de sa vie littéraire, et qui sans contredit est le seul point qu'il puisse avoir de commun avec un des plus beaux génies des temps modernes, Walter Scott, sur l'autorité duquel il va essayer d'appuyer sa justification. Selon lui, si cette anomalie de l'esprit est critiquable, l'illustre Écossais serait sans excuse, tandis que le pauvre auteur français se présente avec un touchant cortége de circonstances atténuantes devant l'aréopage personnifié si comiquement par l'ingénieux Écossais, dans ses préfaces, en capitaines Clutterbuck, docteurs Dryadust, et autres charmantes fantaisies auxquelles il rendait ses comptes, caché sous ses pseudonymes, autres figures non moins charmantes. Avant le désastre qui empoisonna ses derniers jours, sir Walter Scott vivait en gentilhomme dans son château d'Abbotsford au milieu d'une magnificence digne de sa royauté littéraire, dotée d'une liste civile de trois cent mille francs. Il écrivait à son aise et à sa guise un ouvrage par six mois, sans autres engagemens que ceux qu'il prenait avec la gloire. Dans cette situation, un écrivain est tenu de ne publier que des chefs-d'œuvre complets. L'auteur français n'a qu'une liste incivile et des engagemens aussi sérieux que ceux inscrits par les jeunes filles sur le vélin de leurs éventails, au bal. Ainsi, les différences qui existent entre lui et ce beau génie dans l'ordre spirituel, ne sont pas de moindre étendue dans l'ordre physique.

Walter Scott aurait pu peut-être éviter ce prétendu défaut qu'il a défini lui-même en répondant à des critiques empressés de convertir ses plus brillantes qualités en vices, éternelle manœuvre de la calomnie littéraire. Ce vice consistait à ne pas suivre ses plans primitifs, construits d'ailleurs avec cette profondeur qui distingue le caractère écossais, et dont la charpente se brisait sous les développemens donnés aux caractères de quelques personnages. En travaillant d'après ce flamboyant carton que tout peintre littéraire se dessine sur la toile de son cerveau, il voyait grandir, comme aux ombres chinoises, une figure si attrayante, des existences si magnifiques, un caractère si neuf, qu'au lieu d'une place mesquine, il les laissait se carrer dans son œuvre. La changeante déesse, la Fantaisie, l'invitait d'un mouvement si persuasif en remuant ses doigts blancs et roses, elle lui souriait d'un sourire si fascinateur, elle se faisait si coquette dans Fenella, si profonde dans le laird de Dumbidikes, si variée aux Eaux de Saint-Ronan, que lui, enfant aussi naïf qu'il était grand homme, allait et la suivait dans les coins obscurs qu'elle se plaisait à illuminer. Ce grand génie, dupe de sa propre poésie, furetait avec la déesse : il retournait les pierres des chemins sous lesquelles gisaient des ames de licencié, il se laissait emmener au bord de la mer pour voir une marée, il écoutait les délicieux bavardages de cette fée, et les reproduisait en arabesques feuillues et profondément fouillées, en longs préparatifs, sa gloire aux yeux des connaisseurs, et qui doivent ennuyer des esprits superficiels; mais où chaque détail est si essentiel, que les personnages, les événemens seraient incompréhensibles si l'on retranchait la moindre page. Aussi, voyez comme il lance ses railleurs personnages de préface sur les critiques? Comme de beaux chiens de chasse, ils courent sus à la bête, et d'un coup de gueule mordent à fond ces dits aristarques. Ces ingénieuses préfaces, sans fiel et malicieuses, ironiques avec bonhomie, où brille la raison comme savait la faire resplendir Molière, ces préfaces sont des chefs-d'œuvre pour les esprits studieux qui ont conservé le goût de l'atticisme. Sir Walter Scott, homme riche, Écossais plein de loisirs, ayant tout un horizon bleu devant lui, aurait pu, s'il l'avait jugé convenable, mûrir ses plans et les composer de manière à y sertir les belles pierres précieuses trouvées durant l'exécution; il pensait que les choses étaient bien comme il les produisait, et il avait raison.

Si le pauvre et infirme auteur français avait l'outrecuidance de penser ainsi, il aurait grand tort : il n'est, comme nous venons de l'expliquer, ni moralement ni physiquement dans les conditions où les dons du génie, ceux de la fortune, et la ruse écossaise, ruse innocente d'ailleurs, avaient placé sir Walter Scott. D'abord, il est d'un pays où l'on se donne le moins de peine possible; il n'a ni château d'Abbotsford, quoiqu'il y en ait de bien beaux dans ce pays, ni les magnifiques meubles, ni les domaines, ni les chiens de chasse de Walter Scott : il est sorti de son naturel en travaillant, comme il est sorti de sa province en devenant quasi-Parisien. Puis, il a eu l'imprudence de se montrer dans l'arène la visière relevée, sans casque, tête et poitrine nues, conduite aussi sotte que belle, aussi généreuse qu'imprudente : il ne peut donc pas lancer de meute sur ses critiques pour leur donner la chasse à courre. Au lieu d'être le chasseur, il est le gibier. Au lieu de vivre en paix sous le domino qu'avait ingénieusement revêtu le lion du Nord, et qui permettait à l'Écossais masqué de dire son fait à chacun, il est comme un chrétien de Néron au milieu du cirque, entendant rire de ses efforts, ridiculiser sa manière de combattre, et recevant à bout portant des fusillades qui le tuent à peu près. Celui-ci a oublié de charger le coup avec une balle, et n'envoie à l'auteur qu'une charge de sel; celui-là met sa chevrotine après la poudre, et l'auteur est sauf; l'un fait long feu, l'autre n'a qu'un fusil de bois; enfin, il a eu le surprenant bonheur de n'avoir encore rien attrapé de mortel, bonheur qui vient peut-être du peu de vie des pauvres choses qu'on veut tuer. L'auteur est encore obligé de dire que, quelque réputation d'orgueil ou d'outrecuidance qu'on essaie de lui faire, il ne s'agit point pour lui des fastueuses destinées qu'on lui prête pour s'en moquer. La Touraine a fourni sa quote-part à la gloire de la France, elle lui a donné deux grands hommes : Rabelais et Descartes, deux génies qui se correspondent plus qu'on ne le croit; l'un avait mis en épopée satirique ce que l'autre devait mathématiquement démontrer : le Doute philosophique, la triste conséquence du protestantisme ou de cette liberté d'examen qui a enfanté le livre de Rabelais, cette Bible de l'incrédulité. Après cet enfantement, il est permis à une province de se reposer, et l'on se repose en Touraine. Aussi l'auteur est-il plus en droit que tout Français de toute autre province de travailler pour son propre intérêt, et de dire à ceux qui épluchent ses livres : Ceci ne vous regarde pas. Ses œuvres ne portent pas cette belle épigraphe : *Famâ!* mais celle que substitua un railleur : *Fame!* Comme parfois ses livres lui coûtent quelque argent à publier, il pourrait inscrire aussi celle de Montesquieu : *Prolem sine matre creatam;* ainsi donc, jusqu'à un certain point, elles n'ont pas besoin d'être autrement justifiées. Néanmoins il n'est pas inutile d'expliquer que l'auteur ayant peu de loisir, il est, par des raisons autres que celles de ce grand Écossais, sujet au défaut de savoir mieux que ses critiques ou que ses lecteurs où il va quand il compose un livre. S'il abandonne ses idées premières pour des idées surgies après son plan primitif, il les trouve sans doute de plus agréable façon, pour lui s'entend : la main-d'œuvre est moins chère, le personnage exige moins d'étoffe dans son habillement, les couleurs de la description sont moins coûteuses. Il y a, voyez-vous, beaucoup de petites considérations que connaissent ceux qui se plaignent le plus, et qui néanmoins prennent plaisir à ameuter le public contre le fabricant. Cette mauvaise foi réduit la Critique à n'être que des querelles de boutiquier, ce qui déshonore la littérature beaucoup plus que cette *prolem sine matre creatam*, ce livre enfanté sans argent.

Qui sait! le hasard est un bon ouvrier, il

se chargera peut-être de répondre à ces criailleries assassines. Plus tard, il se pourrait que tous ces morceaux fissent une mosaïque : seulement il est certain qu'elle ne sera pas à fond d'or comme celles de Saint-Marc à Venise, ni à fond de marbre comme celles de l'antiquité, ni à fond de pierres précieuses comme celles de Florence, elle sera de la plus vulgaire terre cuite, matière dont sont faites certaines églises de village en Italie; elle accusera plus de patience que de talent, une probe indigence de matériaux, et la parcimonie des moyens d'exécution. Mais comme dans ces églises, cette construction aura un portail à mille figures en pied, elle offrira quelques profils dans leurs cadres, des madones sortiront de leurs gaînes pour sourire au passant : on ne les donnera pas pour des vierges de Raphaël, ni de Corrège, ni de Léonard de Vinci, ni d'Andrea del Sarto, mais pour des madones de pacotille, comme des artistes, pauvres de toute manière, en ont peint sur les murailles par les chemins en Italie. On reconnaîtra chez le constructeur une sorte de bonne volonté à singer une ordonnance quelconque, il aura tenté de fleureter le tympan, de sculpter une corniche, d'élever des colonnes, d'allonger une nef, d'élever des autels à quelques figures de saintes souffrantes. Il aura essayé d'asseoir des manières de démons sur les gargouilles, de prendre quelques grosses physionomies grimaçantes entre deux supports. Il aura semé çà et là des anges achetés dans les boutiques de carton pierre. Le marbre est si cher! Il aura fait comme font les gens pauvres, comme la ville de

b.

Paris et le gouvernement qui mettent des papiers mâchés dans les monumens publics. Eh! diantre, l'auteur est de son époque et non du siècle de Léon X, de même qu'il est un pauvre Tourangeau, non un riche Écossais. Toutes ces choses se tiennent. Un homme sans liste civile n'est pas tenu de vous donner des livres semblables à ceux d'un roi littéraire. Les critiques disent et le monde répète que l'argent n'a rien à faire en ceci. Dites donc ces raisons à la chambre des députés, dites-lui que l'argent ne signifie rien pour achever un monument! Vous verrez s'élancer toutes les banquettes d'arrondissement et jeter des clameurs furieuses! Rubens, Van-Dyck, Raphaël, Titien, Voltaire, Aristote, Montesquieu, Newton, Cuvier, ont-ils pu monumentaliser leurs œuvres sans les ressources d'une existence princière? J.-J. Rousseau ne nous a-t-il pas avoué que le *Contrat social* était une pierre d'un grand monument auquel il avait été obligé de renoncer? Nous n'avons que les rognures d'un J.-J. Rousseau tué par les chagrins et par la misère. Les Géricault qui auraient continué les grands peintres, les écrivains à synthèses qui lutteraient avec les génies des temps passés, meurent quand ils ne rencontrent pas les hasards pécuniaires, indispensables à l'exécution de leurs pensées ou de leurs peintures : voilà tout. Aussi, sans avoir d'autre ressemblance avec ces glorieux inconnus que celle des mystères de leur vie pénible, l'auteur déclare-t-il qu'il y a beaucoup de chances pour laisser tout commencé, rien de fini, comme cela se voit encore à

Pavie, à Florence, en France, partout.

Sans que personne s'en doute, cette réponse à la critique, tirée de l'absence totale d'un budget affecté aux livres de l'auteur; sa comparaison de son œuvre à un édifice, que certes les critiques déjà nommés trouveront ambitieuse, comme si l'on pouvait se comparer à quelque chose de petit, quand on est déjà si petit qu'une modeste comparaison échapperait alors à l'œil; cette réponse si grossière, si malheureuse, si dégoûtante, si vous le voulez, tient à l'une des questions les plus importantes de notre état actuel. Elle accuse la nécessité où sont la plupart des écrivains français de vivre du produit de leurs œuvres; et pour ce qui le concerne, l'auteur de ces fragmens avoue qu'il faut, en ce cas, savoir vivre de peu. Un auteur presque aussi illustre par son nom que par la finesse de vues qui caractérise son talent, M. le marquis de Custine, a écrit, à propos de l'Espagne sous Ferdinand VII, une fort belle page sur ce sujet. L'auteur n'est pas fâché de la citer pour donner du relief à cette Préface; elle contient un si magnifique éloge de la pauvreté, qu'il n'a plus la moindre honte à parler de la sienne et de celle des écrivains qui vivent des douloureux produits de l'écritoire. Malgré la beauté de ses pensées, cette page implique une attaque trop violente contre quelques malheureux pour ne pas être réfutée; d'ailleurs, peut-être ceux qu'elle stygmatise n'oseraient-ils pas répondre, tandis qu'un auteur libre et pauvre sera très à son aise en parlant pour tout le monde.

« En France, Rousseau est le seul qui ait rendu témoignage par ses actes autant que par ses paroles à la grandeur du sacerdoce littéraire ; au lieu de vivre de ses écrits, de vendre ses pensées, il copiait de la musique, et ce trafic fournissait à ses besoins. Ce noble exemple, tant ridiculisé par un monde aveugle, me paraît à lui seul capable de racheter les erreurs de sa vie. Sa conduite était une prédication en action, car sans la célébrité qu'il devait à ses ouvrages, la musique ne lui aurait pas même valu la peine qu'elle lui rapportait.... »

L'auteur se permet d'interrompre ici l'écrivain pour lui assurer que, s'il ne sait pas copier la musique, il possède au plus haut degré le talent de faire des fleurs en papier.

Si la mensongère célébrité de ses ouvrages pouvait donner à ses bouquets un prix égal à celui qu'il retire de ses livres, il serait enchanté de se livrer à ce gracieux syllogisme de conduite : il ne vendrait plus ses livres, il tiendrait des bottes de fleurs fort bien confectionnées à la disposition des riches amateurs. Peut-être les grands seigneurs belges saisiraient-ils ce moyen de laver leur pays des crimes atroces qu'il commet ici en dépouillant les écrivains français et les réduisant à la misère la plus honteuse, à des suicides, à des folies que la bienséance ne permet pas de révéler, mais que les auteurs et les journalistes connaissent parfaitement. Reprenons la belle page de monsieur de Custine.

« Il y avait dans cette espèce de mensonge

dont il se payait lui-même, une énergie d'orgueil plus noble que les brillantes mais vaines déclamations de ses rivaux. Il pressentait et prouvait d'avance par sa manière de vivre, le règne d'un Messie dont nous n'avons pas vu l'avènement : le génie. On retrouve dans la fierté cynique du philosophe de Genève quelque chose de la grandeur des prophètes hébreux, de ces hommes dont l'existence tout entière n'était qu'un symbole destiné à prouver aux justes la vérité de leurs paroles. Il y a loin de la dignité d'action du pauvre Rousseau à la pompeuse fortune littéraire des spéculateurs en philantropie Voltaire et son écho lointain Beaumarchais.... »

L'auteur est encore forcé d'interrompre cette page pour faire observer que Voltaire n'a jamais vendu ses ouvrages : *il avait des procès avec les libraires auxquels il les donnait.* L'origine de la fortune de Voltaire vient d'un emprunt viager fait, sous la Régence, à vingt pour cent, dans lequel le contrôleur-général des finances lui conseilla de placer les dons du Régent et sa fortune personnelle : Voltaire avait le pressentiment de sa longue vie, et il eut dès sa jeunesse de très-beaux revenus. Il fut comblé par la cour. A quarante-cinq ans, le roi de France le fit gentilhomme ordinaire de sa chambre, il était chambellan du roi de Prusse, il protégeait Catherine II qui le récompensa magnifiquement à propos de l'histoire de Charles XII, il avait les cent louis de l'Académie, des pensions sur plusieurs cassettes royales, etc. Beaumarchais possédait dix millions quand il perçut ses droits d'auteur au théâtre. Indigné du peu que recevaient les auteurs, il les assembla chez lui, dans son hôtel, rue des Singes, qui n'est pas encore démoli, et les coalisa contre les comédiens pour leur faire obtenir cinq pour cent sur les recettes du Théâtre-Français. Si Beaumarchais avait vécu sous Louis XIII, Boileau ne serait pas venu dire à Louis XIV ces épouvantables paroles : — *Sire, donnez un peu de bouillon à Corneille qui meurt!*

«... Ces deux hommes, malgré l'éclat de leur esprit et à cause de celui de leur richesse, ne sont que les chefs de file de ces négocians d'idées qu'on appelle aujourd'hui des écrivains. Ces entrepreneurs de livres, ces auteurs-libraires ont fait de notre littérature une métairie aussi lucrative, mais aussi poudreuse, aussi crottée qu'un champ de betteraves ou de colza.... »

(Betterave ou colza, nos colzas nous sont chers.)

« ... Moi comme tout autre, je voudrais trafiquer du talent que je puis avoir, le peser au poids de l'or, pourtant je ne mentirai jamais afin d'en augmenter le prix, fût-il destiné à me procurer le nécessaire ; mais sans falsifier les œuvres de mon esprit, je tâcherai de les vendre le mieux que je pourrai... »

Si, par un de ces escamotages des *Mille et une Nuits* qui ferait passer son ame dans le corps d'un pauvre auteur ne vivant que de sa plume, M. de Custine pouvait connaître, pendant une seule journée, la misère, et rouler dans les abîmes qu'elle ouvre sous les pieds à chaque pas; il admirerait, sans la discuter, la force de ceux qui peuvent surnager sans y périr, eux ou leurs vertus !

« ... Rousseau nous a montré un homme de lettres qui aimait mieux rester pauvre que de s'enrichir du produit de ses œuvres. Ce génie d'action vaut mieux que tous les prestiges d'un beau style. Le talent de Rousseau a eu jusqu'à présent plus d'imitateurs que sa fierté ; mais qui sait ce que le temps nous réserve? La richesse se passe si bien de gloire, qu'il faut espérer que la gloire finira par se passer de richesse. Mais la gloire mercenaire qui promet tant et se contente de si peu, n'est qu'une ombre, une caricature de la vraie gloire. Celle-ci accompagne la haute renommée, l'autre retarde le règne du génie en en usurpant la charge et la place. Tant que je verrai les œuvres de la pensée arriver à leur rang sur la liste des produits de la société, comme une étoffe brodée à la vapeur ou comme un peloton de laine filé à la mécanique, je dirai : les hommes d'esprit n'ont pas trouvé leur sphère, ils sont des marchands, menteurs comme tous les autres marchands, car tout commerce dégénère en mensonge, et les mensonges des marchands de vérités devraient être punis plus sévèrement que la fraude d'une mesure; les talens trompeurs volent non-seulement la bourse, ils faussent l'intelligence, etc. »

Hélas! quel auteur calomnié ne voudrait voir un cadi turc clouant par l'oreille un journaliste à sa table pour punir les mensonges sur lesquels il appuie sa critique afin de satisfaire sa haine d'eunuque contre celui qui possède une muse ou une musette. L'auteur commencera par répondre à M. de Custine que Rousseau, dans ses Confessions, déclare fort au long les négociations très-tiraillées à la suite desquelles il obtint de Marc-Michel Rey d'Amsterdam six cents francs de rente viagère, dont moitié reversible sur Thérèse. Il fera observer, en outre, que, dans cette époque, les manuscrits ne se vendaient pas ce qu'ils se vendent aujourd'hui, que le prix des livres était plus élevé, le nombre des lecteurs extrêmement restreint. Le président de Montesquieu n'a pas vu promptement la seconde édition de l'Esprit des Lois. Buffon eût été ruiné par ses publications si le roi n'avait mis à ses ordres l'imprimerie royale. Aucun livre de haut style ne se peut imprimer sans d'immenses frais de corrections, et ces corrections, que les gens médiocres se dispensent de faire, coûtent très-cher. M. de Chateaubriand en fait beaucoup, comme feu Bernardin de Saint-Pierre, comme Voltaire, comme tous ceux qui se battent avec la langue française. Rousseau nous a révélé les travaux de patience admirable par lesquels il suppléait au procédé typographique de l'*épreuve*, en répétant la nuit ses phrases jusqu'à ce qu'elles satisfissent ses oreilles et les recopiant jusqu'à ce qu'elles eussent une tournure qui plût à son œil. Comme M. de Custine, l'auteur admire l'indigence de Rousseau, parce que l'indigence est, dans ce cas, la poésie de l'orgueil; mais il ne croit pas que Rousseau se serait enrichi par le produit de ses livres. Diderot, qui tirait tout le parti possible des siens, et qui jouissait d'une égale célébrité, eût été tout aussi pauvre sans la succession de son père. Enfin Rousseau s'était résigné à vivre avec une cuisinière, et tout le monde n'a pas le caractère jeté dans le moule du cynisme. Abordons cette question, non pas en travers, par la réponse assez logique des différences de tempérament ; mais d'une façon absolue. Certes, pour les grands hommes nés pauvres, la vie n'a que deux faces : ou la mendicité, comme Homère, Cervantes et autres, ou l'insouciance de Lafontaine, de Machiavel et de Spinosa, ou le cynisme de Jean-Jacques, ce qui est le même système. Ou le parti pris par les Calderon, les Lope de Véga, Diderot, Raynal, Mirabeau, Walter Scott, lord

Byron, Victor Hugo, Lamartine, *e tutti quanti*, de vendre leurs poésies au marché. Cette page dithyrambique eût été mieux sous toute autre plume que celle de M. le marquis de Custine, à qui sa fortune héréditaire permet de dédaigner celle qu'il pourrait conquérir avec sa plume; mais est-elle fondée? Racine a regretté de toucher ses droits d'auteur, il aurait voulu être assez riche pour ne point vendre sa muse; mais lui comme Boileau, comme la plupart des auteurs, étaient comblés des faveurs pécuniaires du roi, qui leur payait d'une valeur de cent mille francs d'aujourd'hui les quelques lignes historiques écrites par eux sur son règne. Disons-le hardiment. Les grands écrivains doivent être les pensionnaires de leurs Pays. Le sacerdoce dont parle M. de Custine exige une vie toute arrangée, sans préoccupations matérielles ni soucis. Que voulez-vous? les Pays pensent aujourd'hui qu'ils auraient trop de pensionnaires. Les bureaucrates, chargés par le Pays de donner la pâture à de trop nombreux oiseaux, n'ont aucune méthode pour distinguer les rossignols parmi les pierrots insolens qui fondent sur le grain en venant se percher sur l'épaule du pouvoir et lui disant d'agréables flatteries. A toutes les époques, les rois éclairés ou heureux dans leur choix, les grands seigneurs, enfin la haute intelligence du siècle représentée par de magnifiques existences devenues fabuleuses, mettaient les hommes de génie à même de produire leurs œuvres sans soucis ni contrainte. Il y a de beaux exemples de cette égalité accordée au talent, comme aussi se rencontraient des ames mesquines qui voulaient un protectorat à bon marché, des cœurs jaloux qui abritaient leurs vengeances sous le manteau d'une pauvre bienfaisance? Cervantes et le duc de Lerme, Corneille et les trésoriers des finances qui l'ont laissé dans le besoin, sont là pour le prouver. Les madame de la Sablière et d'Hervart, ces deux sœurs de charité qui prenaient soin de La Fontaine dont elles partagent la gloire, ne sont pas communes. Philippe II, ce roi si terrible, accordait aux artistes une exemption de toutes les charges civiques, patriotiques et financières : il y a loin de son ordonnance aux tourmens qu'inflige la garde nationale à quelques écrivains célèbres, et aux cent mille écus accordés par la chambre pour encourager.... (Écoutez!)

Les arts!

Les sciences !

Les lettres !

François Ier envoyait à Raphaël cent mille écus dans un bassin d'or sans lui rien demander : le peintre répondait par la Transfiguration, un des quelques tableaux peints en entier par lui, que la cour de Rome ne voulut pas livrer et qui eût bien soldé le compte. Le poète envié par Charles IX pouvait puiser dans l'épargne royale. D'ailleurs, on sait que ces munificences entraîneraient aujourd'hui l'asservissement de la pensée qui s'exerçait autrefois sur des sujets inoffensifs au pouvoir. Encore y avait-il autrefois des princes et des protections pour toutes les révoltes de la pensée : Luther comptait des souverains parmi ses défenseurs. Frédéric-le-Grand était l'ami des philosophes du dix-huitième siècle. Qui, parmi les souverains d'aujourd'hui, aurait la générosité de Napoléon, tant accusé de comprimer les œuvres de l'esprit, et qui sachant son ennemi Chénier embarrassé dans ses finances, *pour un mobilier imprudemment acheté,* lui fit parvenir cent mille francs en lui laissant ignorer de quelle main ils venaient? Aujourd'hui le plus touchant récit de la plus touchante des infortunes littéraires obtiendrait une aumône de cinq cents francs. Est-ce un bureaucrate qui peut avoir le large esprit d'un protecteur des arts, des sciences et des lettres? Il ne s'enquiert pas des belles intelligences en proie à la misère, il pense aux gens médiocres qui lui adressent une demande sur papier Tellière, dont le prix ne se trouve pas toujours dans la poche d'un poète aux abois. N'est-ce pas acheter un licou trop cher? Aujourd'hui l'on ne paie que les services militaires de la presse : on maquignonne des affaires, on n'élève pas des œuvres d'art. Certes, parmi la conscription des écrivains enrôlés depuis 1830, on peut dire que, hors trois hommes, MM. Thiers, Barthélemy, Mignet, le pouvoir n'a enrichi que des médiocrités.

Ainsi donc, la Propriété Littéraire est une nécessité nouvelle. M. le marquis de Custine a des yeux bien complaisants s'il aperçoit les produits de l'intelligence cotés à la Bourse comme ceux de l'industrie; c'est précisément parce que les livres ne sont pas admis comme des colzas ou des cotons que les auteurs sont volés en Belgique de leur vivant, et dépouillés après leur mort par l'absurde loi de la Convention. Le peu de faveur qui s'attache à la Propriété Littéraire se conçoit quand le pouvoir considère sa constitution comme la perte d'un moyen corrupteur, et quand des esprits aussi distingués que l'est celui de M. de Custine l'attaquent dans son essence, le sentiment d'honneur. La littérature française est déjà bien assez appauvrie, elle est assez menacée de mort par la Contrefaçon qui enlève à l'écrivain le fruit de ses veilles, par le Vaudeville qui met en coupe réglée les bois qu'elle a semés, sans que dans ses foyers on lui reproche les restes du festin belge dont elle vit. S'il se publie encore des livres en France, qui doit ses plus belles conquêtes à sa langue et à sa haute littérature, c'est qu'une main de papier, deux plumes d'oie et un godet d'encre valent encore entre cinq cents et mille francs, et qu'à ce prix il y a des auteurs qui peuvent avoir du pain.

Ceci n'est pas une digression, mais une explication positivement littéraire. Les fragmens de l'œuvre entreprise par l'auteur subissent alors les lois capricieuses du goût et de la convenance des marchands. Tel journal a demandé un morceau qui ne soit ni trop long, ni trop court, qui puisse entrer dans tant de colonnes et de tel prix. L'auteur va dans son magasin, dit : J'ai la *Maison Nucingen!* Il se trouve que la *Maison Nucingen*, qui convient pour la longueur, pour la largeur, pour le prix, parle de choses trop épineuses qui ne cadrent point avec la politique du journal. La *Maison Nucingen* demeure sur les bras de l'auteur. Eh bien, prenez *la Torpille?* « *La Torpille* est une grisette, et l'on a déjà crié pour la *Vieille Fille.* Nos lecteurs, qui lisent les horreurs de la *Gazette des Tribunaux* et les infamies des annonces, ont hurlé pour les seins trop volumineux de mademoiselle Cormon et pour la comique fraude d'une grisette normande qui se dit grosse afin de se faire donner, par des ames pieuses et par un vieux libertin, la somme nécessaire pour un petit voyage à Paris. Donnez-nous quelque chose entre le sermon et la littérature, quelque chose qui fasse des colonnes et pas de scandale, qui soit dramatique sans péril, comique sans drôlerie ; guillotinez un homme, ne peignez ni fournisseur impuissant, ni banquier trop hardi, cela n'existe pas. » Que faire de ces tableaux retournés dans l'atelier? on les expose dans les deux premiers volumes venus. Il faut subir les exigences de la Librairie. La Librairie vient, elle veut deux volumes ni plus ni moins, ou un bout de conte pour mettre à ceci plus d'ampleur. Elle a ses habitudes de format, elle tient à ses marges. Elle abhorre aujourd'hui ces délicieux in-18 nommés *Adolphe*, *Paul et Virginie*, etc. Eh bien, vous qui riez de cet état de choses, ou vous qui pleurez, croyez-vous que l'art y perde? L'art se plie à tout, il se loge partout, il se blottit dans les angles, dans les culs de four, dans les segmens de voûte; il peut briller en toutes choses, quelque forme qu'on lui donne. Autrefois il en était ainsi. Un jour, le prieur des dominicains de Milan vient trouver un grand mécanicien, un grand auteur, un grand peintre nommé Léonard, et lui dit : J'ai, au bout de mon réfectoire, un pan de muraille trop long pour son peu de hauteur; vous devriez voir à y faire quelque chose. Léonard y mit la fameuse Cène, la reine des fresques. Ainsi, quant à la manière bizarre ou peu ordonnée dont l'auteur publie son œuvre, c'est la faute des circonstances actuelles et non la sienne. Un des mille inconvéniens de la misère qui dévore la littérature, et qui la dévorera long-temps, est le vol, honteux pour l'Europe du dix-neuvième siècle, que consomme la Belgique sur les écrivains français, et qui serait si promptement réprimé, n'en déplaise à M. de Custine, s'il s'agissait de balles de coton. Que les auteurs soient bien tranquilles, quoique la France ait un livre dans ses nouvelles armes, personne parmi les autorités constituées ne prendra leurs intérêts en main, ils ne donneront pas lieu demain à quelque congrès. Si l'auteur se permet de laver ici le linge sale de la librairie, de la littérature et du journalisme en pleine place publique, il le fait moins pour lui que pour bien des misères qu'il connaît, pour des gens qui l'ont injurié; mais l'injure leur donnait de quoi vivre, il la leur a pardonnée en gémissant de savoir d'aussi belles intelligences réduites à d'aussi laides actions. Les destinées de la littérature française sont fatalement liées aujourd'hui à la librairie et au journalisme : le journal expire sous le fisc, la librairie est quasi-morte sous la contrefaçon. Les écrivains accusés par M. de Custine subissent les malheurs et les exigences de ces deux nécessités. Au moment où la littérature française a trouvé ce qui a manqué au dix-huitième siècle, et ce que le dix-huitième siècle lui a procuré peut-être, une masse énorme de lecteurs et d'acheteurs; la Belgique lui a enlevé les marchés de l'Europe, elle lui enlève jusqu'à la France, où vous trouvez les éditions belges dans les bibliothèques des millionnaires. L'auteur a par trois fois élevé la voix à ce sujet, il y reviendra sans cesse! S'il tâche d'être railleur et gai quand il ne s'agit que de lui, certes il essaiera d'être grave dans les affaires de la République des lettres. S'il avait les dix millions et l'hôtel de Beaumarchais, cette plaie n'existerait plus : les auteurs français pourraient la fermer ; mais ils ne se réuniront jamais comme au temps où l'auteur de *Figaro* les a convoqués. Dans ce temps, la République des lettres obéissait à des convenances aujourd'hui foulées aux pieds.

Aucun écrivain ne doit s'enorgueillir de ses talens, quand il en a. Le talent est comme la noblesse, un don du hasard qu'il faut se faire pardonner. Mais on peut tirer quelque relief des difficultés vaincues qui ont manqué vaincre Goëthe lui-même, et tant d'autres. Or, l'auteur ne veut pas laisser ignorer que, non-seulement il ne rencontre, en édifiant son œuvre, ni aide, ni secours; mais encore qu'il a trouvé de rebutans obstacles dans les instrumens, chez les ouvriers, dans la matière et dans la façon, partout.

Ce dire naïf explique déjà beaucoup, mais ce n'est pas tout. La Touraine a un proverbe ancien que Rabelais et Verville disent tout crûment, et qui peut, à cause de la pruderie du temps présent, être traduit par : *on n'a pas toutes les muses à la fois.* Les artistes, sous peine de ne rien faire, sont obligés de commencer plusieurs choses pour en achever une de ci, de là. L'une des plus belles élégies d'André de Chénier peint admirablement l'atelier qu'il portait dans son cerveau. Qui n'a mille sujets dans ses portefeuilles, les uns commencés, les autres presque finis? Cet état confus où reste le grand ou le petit domaine de chaque écrivain aidera l'auteur dans la démonstration de son innocence, car il n'a pas que les feuilletons sur le dos, il a aussi d'honnêtes gens qui s'intéressent à lui, plus qu'il ne le croyait. Pendant qu'il dort, les chevaux de poste lui apportent, de toute la célérité de leurs jambes, une lettre où, du fond de l'Allemagne, un inconnu l'interpelle en lui demandant de quel droit il a laissé les Illusions Perdues inachevées? une autre où un notaire de province lui reproche de ne pas peindre les notaires comme des Grandisson et des Apollon du Belvédère, attendu qu'il y en a de très-honnêtes et très-jolis garçons; enfin mille réclamations aussi graves et qui dérangent les plans qu'un pauvre auteur a pu former pour son repos et pour son économie domestique. Si les Illusions Perdues restent une jambe en avant comme ces murs de Paris qui avancent leurs pierres par intervalles égaux, en attendant qu'elles se marient à d'autres, il n'y avait de place que pour un volume et non pour deux; l'auteur l'a dit dans la préface de ce livre, et rien ne démontre mieux l'inutilité des préfaces pour les lecteurs, et leur utilité pour les libraires quand ils tiennent à grossir le dos d'un volume. On peut les écrire sans danger. Si vous trouvez ici beaucoup d'employés et peu de femmes supérieures, cette faute est explicable par les raisons sus-énoncées : les employés étaient prêts, accommodés, finis, et la femme supérieure est encore à peindre. Si vous voyez la *Maison Nucingen* séparée de son tableau correspondant, *César Birotteau*, (sans comparaison avec Léonard, messieurs les critiques) le réfectoire de *l'Estafette* n'avait de place que pour une boutique de parfumeur. Enfin, si *la Torpille*, cette histoire que peut-être un jour vous trouverez touchante entre toutes, est tronquée, et finit brusquement, prenez-vous-en aux libraires, qui déplorent déjà cinq feuil-

d.

les de trop, attendu que les volumes n'en doivent avoir que vingt-cinq, et que les cabinets littéraires n'ont pas assez d'argent au mois de septembre pour acheter trois volumes; ils achètent des tonneaux pour la vendange, et ont bien raison ! *Le lire* ne doit aller qu'après *le boire*. Le jour où les écrivains français ne seront pas les faiseurs de manuscrits de la Belgique, car l'édition française d'un livre est une copie envoyée aux Belges, une copie dont les auteurs paient les corrections en se trouvant de jour en jour plus mal payés; le jour où ils n'auront d'autre protection et d'autre fortune que le produit de leurs œuvres en libre circulation sous le pavillon du droit des gens, et que l'égide de la charte qui leur permet de payer des contributions ou de se déguiser en patrouilles, ils seront assez riches pour ne pas regretter le temps où les fermiers-généraux faisaient la fortune de Voltaire dès sa jeunesse, et assez libres dans leurs allures pour publier leurs ouvrages en entier et non par fragmens. Comment d'ailleurs Buffon a-t-il publié son œuvre? Par fragments.

L'auteur s'attend à d'autres reproches, parmi lesquels sera celui d'immoralité; mais il a déjà nettement expliqué qu'il a pour idée fixe de décrire la société dans son entier, telle qu'elle est : avec ses parties vertueuses, honorables, grandes, honteuses, avec le gâchis de ses rangs mêlés, avec sa confusion de principes, ses besoins nouveaux et ses vieilles contradictions. Le courage lui manque à dire encore qu'il est plus historien que romancier, d'autant que la critique le lui reprocherait comme s'il s'adressait une louange à lui-même. Il peut seulement ajouter qu'à une époque comme celle-ci, où tout s'analyse et s'examine, où il n'y a plus de foi ni pour le prêtre ni pour le poète, où l'on abjure aujourd'hui ce qu'on chantait hier, la poésie est impossible. Il a cru qu'il n'y avait plus d'autre merveilleux que la description de la grande maladie sociale, elle ne pouvait être dépeinte qu'avec la société, le malade étant la maladie.

Reste l'objection du notaire ! L'auteur n'a pas plus de haine contre le notaire que contre les différens états dont la réunion compose la Société. Il connaît de bons et de spirituels notaires, comme il connaît d'adorables vieilles filles, des marchands estimables et quasi grands seigneurs, surtout depuis qu'ils passent du comptoir à la pairie. L'auteur pratique de vertueuses bourgeoises, des femmes nobles qui n'ont aucun péché mignon sur la conscience. Mais que faire d'un notaire vertueux et joli garçon dans un roman ? Vertueux et joli garçon, ce ne serait pas littéraire, les deux qualités se contrarient. Le notaire vertueux ne pourrait en aucune manière occuper le parterre à qui les gens de justice, huissiers, notaires, avocats, juges, ont toujours été sacrifiés. Il y a des états malheureux au théâtre. Le notaire est toujours un figurant qui porte une perruque, un rabat, et qui ne dit pas grand'chose, absolument comme quelques notaires : il y a des gens d'esprit et des sots dans toutes les professions. L'auteur a essayé de relever le notaire, en montrant que les notaires, loin d'être ces figurans muets, effacés, sont tout aussi ridicules, tout aussi vicieux que les propriétaires, les juges, les financiers et les mille originaux copiés par les romanciers. Il est d'ailleurs enchanté d'avoir frappé sur certains points douloureux. Indiquer les désastres produits par le changement des mœurs est la seule mission des livres. Mais, pour faire la paix avec un corps qui pourrait être appelé à griffonner des contrats pour lui, le jour où la Belgique ne le volera plus, l'auteur s'engage ici formellement à peindre en pied et en costume, un beau notaire, un magnifique notaire, un vrai notaire, un notaire aimable, un notaire ni trop vieux ni trop jeune, un notaire marié qui pourrait avoir des bonnes fortunes, un notaire qui ait l'affection, l'estime, l'argent de ses cliens comme autrefois, enfin un notaire qui satisfera les notaires, et qui nécessitera l'acquisition de l'ouvrage où il sera pourtraict par toutes les Études de notaires. Ce sera, la chose advenant, le seul succès pécuniaire de l'auteur. Vu la difficulté de l'œuvre, le prix en sera un peu plus élevé que celui des commandes ordinaires. L'auteur est sûr qu'aucun notaire du royaume ne regrettera son argent. Oui, le plus ignare en littérature des notaires de village, comme le plus difficile en poésie des élégants notaires de Paris, le plus brutal comme le plus émollient, le plus retors comme le plus naïf, en lisant ce livre où sera ce benoît portrait, dira, comme une femme qui enfin trouve un admirateur selon son cœur : — Il m'a bien compris !

Cependant, si les autres états réclamaient, si les avoués, les huissiers, les filles, les marchands, les banquiers, si tous ceux qui ont des droits à l'estime publique, ce qui comprend l'immense majorité des Français, envoyaient de pareilles réclamations, il serait impossible à l'auteur d'y satisfaire : les pages de son œuvre ressembleraient trop aux épitaphes du Père-Lachaise où vous trouveriez plus facilement un honnête homme parmi ceux qui s'y promènent qu'un coquin dans les tombeaux.

Aux Jardies, 15 septembre 1838.

LA FEMME

SUPÉRIEURE.

DÉDICACE.

A Madame

La comtesse Sérafina San-Séverino,

NÉE PORCIA.

Obligé de tout lire pour tâcher de ne rien répéter, je feuilletais, il y a quelques jours, les trois cents contes plus ou moins drôlatiques de Il Bandello, écrivain du seizième siècle, peu connu en France, et publié derniè-

rement en entier à Florence dans l'édition compacte des conteurs italiens : votre nom, de même que celui du comte, a aussi vivement frappé mes yeux que si c'était vous-même, madame. Je parcourais pour la première fois Il Bandello *dans le texte original, et j'ai trouvé, non sans surprise, chaque conte, ne fût-il que de cinq pages, dédié par une lettre familière aux rois, aux reines, aux plus illustres personnages du temps, parmi lesquels se remarquent les nobles du Milanais, du Piémont, patrie de* Il Bandello, *de Florence et de Gênes. C'est les* Dolcini *de Mantoue, les* San-Severino *de Créma, les* Visconti *de Milan, les* Guidoboni *de Tortone, les* Sforza, *les* Doria, *les* Frégose, *les* Dante Alighieri *(il en existait encore un)*, les Frascator, *la reine Marguerite de France, l'empereur d'Allemagne, le roi de Bohême, Maximilien, archiduc d'Autriche,* les Médici, les Sauli, Pallavicini, Bentivoglio *de Bologne*, Soderini, Colonna, Scaliger, les Cardone *d'Espagne. En France :* les Marigny, Anne de Polignac, *princesse de Marsillac et comtesse de Larochefoucault, le cardinal d'Armagnac, l'évêque de Cahors, enfin toute la grande compagnie du temps, heureuse et flattée de sa correspondance avec le successeur de Boccace. J'ai vu aussi combien* Il Bandello *avait de noblesse dans le caractère : s'il a orné son œuvre de ces noms illustres, il n'a pas trahi la cause de ses amitiés privées. Après la* signora Gallerana, *comtesse de Bergame*, vient le médecin à qui il a dédié son conte de **Roméo et Juliette**; *après* la signora molto magnifica Hypolita Visconti ed Atellana, *vient le simple capitaine de cavalerie légère,* Livio Liviano; *après le duc d'Orléans, un prédicateur; après une* Riario, *vient* messer magnifico Girolamo Ungaro, mercante lucchese, *un homme vertueux auquel il raconte comment* un gentiluomo Navarese sposa una che era sua sorella et figliuola, non lo sapendo, *sujet qui lui avait été envoyé par la reine de Navarre. J'ai pensé que je pouvais, comme* Il Bandello, *mettre un de mes récits sous la protection d'*una virtuosa, gentilissima, illustrissima contessa Seraphina San-Severina, *et* *lui adresser des vérités que l'on prendrait pour des flatteries à propos du titre que porte cet ouvrage; mais je préfère vous avouer combien je suis fier d'attester ici et ailleurs, qu'aujourd'hui, comme au seizième siècle, les écrivains, à quelque étage que les mette pour un moment la mode, sont consolés des calomnies, des injures, des critiques amères, par de belles et nobles amitiés dont les suffrages aident à vaincre les ennuis de la vie littéraire. Paris, cette cervelle du monde, vous a tant plu par l'agitation continuelle de ses esprits, il a été si bien compris par la délicatesse vénitienne de votre intelligence; vous avez tant aimé ce riche salon de Gérard que nous avons perdu et où se voyaient, comme dans l'œuvre de* Il Bandello, *les illustrations européennes de ce quart de siècle; puis les fêtes brillantes, les inaugurations enchantées que fait cette grande et dangereuse syrène, vous ont tant émerveillée, vous avez si naïvement dit vos impressions, que vous prendrez sans doute sous votre protection la peinture d'un monde que vous n'avez pas dû connaître. J'aurais voulu avoir quelque belle poésie à vous offrir, à vous, qui avez autant de poésie dans l'ame et au cœur que votre personne en exprime ; mais si un pauvre prosateur ne peut donner que ce qu'il a, peut-être rachètera-t-il à vos yeux la modicité du présent par les hommages respectueux d'une de ces profondes et sincères admirations que vous inspirez.*

DE BALZAC.

Milan, mai 1838.

PREMIÈRE PARTIE.

ENTRE DEUX FEMMES.

CHAPITRE PREMIER.

LE MÉNAGE RABOURDIN.

A Paris, où les hommes d'étude et de pensée ont quelques analogies en vivant dans le même milieu, vous avez dû rencontrer plusieurs figures semblables à celle de M. Rabourdin, que ce récit prend au moment où il est chef de bureau à l'un des plus importans ministères : quarante ans, des cheveux gris d'une si jolie nuance que les femmes peuvent à la rigueur les aimer ainsi, et qui adoucissent une physionomie mélancolique ; des yeux bleus pleins de feu, un teint encore blanc, mais chaud et parsemé de quelques rougeurs violentes; un front et un nez à la Louis XV, une bouche sérieuse, une taille élevée, maigre ou plutôt maigrie comme celle d'un homme qui relève de maladie, enfin une démarche entre l'indolence du promeneur et la méditation de l'homme occupé. Si ce portrait fait préjuger un caractère, la mise de l'homme contribuait peut-être à le mettre en relief. M. Rabourdin portait habituellement une grande redingote bleue, une cravate blanche, un gilet croisé à la Robespierre, un pantalon noir sans sous-pieds, des bas de soie gris et des souliers découverts. Rasé, lesté de sa tasse de café dès huit heures du matin, il sortait avec une exactitude d'horloge, et passait par les mêmes rues en se rendant au ministère ; mais si propre, si compassé que vous l'eussiez pris pour un

Anglais allant à son ambassade. A ces traits principaux, vous devinez le père de famille harassé par des contrariétés au sein du ménage, tourmenté par des ennuis au ministère, mais assez philosophe pour prendre la vie comme elle est ; un honnête homme aimant son pays et le servant, sans se dissimuler les obstacles que l'on rencontre à vouloir le bien ; prudent parce qu'il connaît les hommes, d'une exquise politesse avec les femmes parce qu'il n'en attend rien ; enfin, un homme plein d'acquis, affable avec ses inférieurs, tenant à une grande distance ses égaux, et d'une haute dignité avec ses chefs. A cette époque, en 1824, vous eussiez remarqué surtout en lui l'air froidement résigné de l'homme qui avait enterré les illusions de la jeunesse, qui avait renoncé à de secrètes ambitions ; vous eussiez reconnu l'homme découragé mais sans dégoût et qui persiste dans ses premiers projets, plus pour employer ses facultés que dans l'espoir d'un douteux triomphe. Il n'était décoré d'aucun ordre, et s'accusait comme d'une faiblesse d'avoir porté celui du Lys aux premiers jours de la Restauration.

La vie de cet homme offrait des particularités mystérieuses. Il n'avait jamais connu son père. Sa mère, femme chez qui le luxe éclatait, toujours parée, toujours en fête, ayant un riche équipage, dont la beauté lui parut merveilleuse par souvenir, et qu'il voyait rarement, lui laissa peu de chose; mais elle lui avait donné l'éducation vulgaire et incomplète qui produit tant d'ambitions et si peu de capacités. A seize ans, quelques jours avant la mort de sa mère, il était sorti du lycée Napoléon pour entrer comme surnuméraire dans les bureaux. Un protecteur inconnu l'avait promptement fait appointer; à vingt-deux ans il était sous-chef, et chef à vingt-cinq. Depuis ce jour, la main qui le soutenait dans la vie n'avait plus fait sentir son pouvoir que dans une seule circonstance;

elle l'avait amené, lui pauvre, dans la maison de M. Leprince, ancien commissaire-priseur, homme veuf, passant pour très-riche et père d'une fille unique. Xavier Rabourdin devint éperdument amoureux de mademoiselle Célestine Leprince, alors âgée de dix-sept ans et qui avait les prétentions de deux cent mille francs de dot. Soigneusement élevée par une mère artiste qui lui transmit tous ses talens, cette jeune personne devait attirer les regards des hommes les plus haut placés. Elle était grande, belle et admirablement bien faite ; elle peignait, était bonne musicienne, parlait plusieurs langues et avait reçu quelque teinture de science, dangereux avantage qui oblige une femme à beaucoup de précautions, si elle veut éviter toute pédanterie. Aveuglée par une tendresse mal entendue, sa mère lui avait donné de fausses espérances sur son avenir : à l'entendre, un duc ou un ambassadeur, un maréchal de France ou un ministre pouvaient seuls mettre sa fille à la place qui lui convenait dans la société. Célestine avait d'ailleurs naturellement les manières, le langage et les façons du grand monde. Sa toilette était plus riche et plus élégante que ne doit l'être celle d'une fille à marier. Un mari ne pouvait plus lui donner que le bonheur ; encore les *gâteries* continuelles de la mère, qui mourut deux ans avant le mariage de sa fille, rendaient-elles assez difficile la tâche d'un amant, car il fallait du sang-froid pour gouverner une pareille femme. Les bourgeois effrayés se retirèrent. Orphelin, sans autre fortune que sa place de chef de bureau, Xavier fut proposé par M. Leprince à Célestine qui résista long-temps. Mademoiselle Leprince n'avait aucune objection contre son prétendu : il était jeune, amoureux et beau ; mais elle ne voulait pas se nommer madame Rabourdin ; le père dit à sa fille que Rabourdin était du bois dont on faisait les ministres ; Célestine répondit que jamais homme qui avait nom Rabourdin n'arriverait sous le gouvernement des Bourbons, etc., etc. Forcé dans ses retranchemens, le père commit une grave indiscrétion en déclarant à sa fille que son futur serait Rabourdin *de quelque chose*, avant l'âge requis pour entrer à la chambre; Xavier devait être bientôt maître des requêtes et secrétaire-général de son ministère; de ces deux échelons, il s'élancerait dans les régions supérieures de l'administration, riche d'une fortune et d'un nom transmis par certain testament à lui connu. Le mariage se fit.

Rabourdin et sa femme crurent à cette mystérieuse puissance. Emportés par l'espérance et par le laisser-aller que les premières amours conseillent aux jeunes mariés, M. et madame Rabourdin dévorèrent en cinq ans près de cent mille francs sur leur capital. Justement effrayée de ne pas voir avancer son mari, Célestine voulut employer en terres les cent mille francs restant de sa dot, placement qui donna peu de revenu; mais un jour la succession de M. Leprince récompenserait de sages privations par les fruits d'une belle aisance. Quand le vieux commissaire-priseur vit son gendre déshérité de ses protections, il tenta, par amour pour sa fille, de réparer ce secret échec en risquant une partie de sa fortune dans une spéculation pleine de chances favorables; mais le pauvre homme mourut de chagrin au milieu de désastres inouis, ne laissant qu'une dizaine de beaux tableaux qui ornèrent le salon de sa fille, et quelques meubles antiques qu'elle mit au grenier. Huit années de vaine attente firent enfin comprendre à madame Rabourdin que le paternel protecteur de son mari devait avoir été surpris par la mort, que son testament avait été supprimé ou perdu. Deux ans avant la mort de M. Leprince, la place de chef de division, devenue vacante, avait été donnée à un monsieur de La Billardière, parent d'un député de la droite, fait ministre en 1823. C'était à quitter le métier. Mais Rabourdin pouvait-il abandonner huit mille francs de traitement avec gratifications, quand son ménage s'était accoutumé à les dépenser, et qu'ils formaient les trois quarts du revenu? D'ailleurs, au bout de quelques années de patience, n'avait-il pas droit à une pension? Quelle chute pour une femme dont les hautes prétentions au début de la vie étaient presque légitimes, et qui passait pour être une femme supérieure!

Madame Rabourdin avait justifié les espérances que donnait mademoiselle Leprince, elle possédait les élémens de l'apparente supériorité qui plaît au monde : sa vaste instruction lui permettait de parler à chacun son langage, ses talens étaient réels, elle montrait un esprit indépendant et élevé, sa conversation captivait autant par sa variété que par l'étrangeté des idées. Ces qualités utiles et bien placées chez une souveraine, chez une ambassadrice, servaient à peu de chose dans un ménage où tout devait aller terre-à-terre. Les personnes qui parlent bien veulent un public, aiment à parler long-temps et fatiguent quelquefois. Pour satisfaire aux besoins de son esprit, madame Rabourdin avait pris un jour de réception par semaine; elle allait beaucoup dans le monde, afin d'y goûter les jouissances auxquelles son amour-propre l'avait habituée. Ceux qui connaissent la vie de Paris sauront ce que souffrait une femme de cette trempe, assassinée dans son intérieur par l'exiguité de ses moyens pécuniaires. Malgré tant de niaises déclamations sur l'argent, il faut toujours quand on habite Paris être acculé au pied des additions, rendre hommage aux chiffres et baiser la patte fourchue du veau-d'or. Quel problème! douze mille livres de rente pour défrayer un ménage composé du père, de la mère, de deux enfans, d'une femme-de-chambre et d'une cuisinière, le tout logé rue Duphot, au second, dans un appartement de cent louis! Prélevez la toilette et les voitures de madame avant d'évaluer les grosses dépenses de maison, car la toilette passait avant tout; voyez ce qui reste pour l'éducation des enfans (une fille de sept ans, un garçon de neuf ans, dont l'entretien, malgré une bourse entière, coûtait déjà deux mille francs), vous trouverez que madame Rabourdin pouvait à peine donner trente francs par mois à son mari. Presque tous les maris parisiens en sont là, sous peine d'être des monstres. Cette femme qui s'était crue destinée à briller dans le monde, à le dominer, vit enfin arriver le moment où elle serait forcée d'user son intelligence et ses facultés dans une lutte ignoble, inattendue, en se mesurant corps à corps avec son livre de dépense. Déjà, grande souffrance d'amour-propre! elle avait congédié son domestique mâle, lors de la mort de son père. La plupart des femmes se fatiguent dans cette lutte journalière, elles se plaignent, et finissent par se plier à leur sort; mais au lieu de déchoir, l'ambition de Célestine grandissait avec les difficultés : elle ne pouvait pas les vaincre, elle voulait les enlever ; car, à ses yeux, cette complication dans les ressorts de la vie était comme un nœud gordien qui ne se dénoue pas et que le génie tranche. Loin de consentir à la mesquinerie d'une destinée bourgeoise, elle s'impatientait des retards qu'éprouvaient les grandes choses de son avenir, en accusant le sort de tromperie. Elle se croyait de bonne foi une femme supérieure. Peut-être avait-elle raison, peut-être eût-elle été grande dans de grandes circonstances ; peut-être n'était-elle pas à sa place. Reconnaissons-le : il existe des variétés dans la femme comme dans l'homme que se façonnent les sociétés pour leurs besoins. Or, dans l'ordre social comme dans l'ordre naturel, il se trouve plus de jeunes pousses qu'il n'y a d'arbres, plus de frai que de poissons arrivés à tout leur développement : beaucoup de capacités intellectuelles doivent donc mourir étouffées comme les graines qui tombent sur une roche nue. Certes, il y a des femmes de ménage, des femmes d'agrément, des femmes de luxe, des femmes exclusivement épouses, ou mères, ou amantes, des femmes purement spirituelles ou purement matérielles; comme il y a des artistes, des soldats, des artisans, des mathématiciens, des poètes, des négocians, des gens qui entendent l'argent, l'agriculture ou l'administration. Puis la bizarrerie des événemens amène des contre-sens : beaucoup d'appelés et peu d'élus, est une loi de la Cité aussi bien que du Ciel. Madame Rabourdin se jugeait très-capable d'éclairer un homme d'état, d'échauffer l'ame d'un artiste, de servir les intérêts d'un inventeur et de l'assister dans ses luttes, de se dévouer à la politique financière d'un Ouvrard, d'un Jacques Laffitte, de représenter avec éclat une haute fortune. Peut-être voulait-elle ainsi s'expliquer à elle-même son horreur pour le livre du blanchisseur les contrôles journaliers de la cuisine, les supputations économiques et les soins d'un petit ménage. Elle se faisait supérieure là où elle avait plaisir à l'être.

En sentant aussi vivement les épines d'une position qui peut se comparer à celle de saint Laurent sur son gril, elle devait laisser échapper des cris. Aussi, dans ses paroxismes d'ambition contrariée, dans les momens où sa vanité blessée lui causait de lancinantes douleurs, Célestine s'attaquait-elle à Xavier Rabourdin. N'était-ce pas à son mari de la placer convenablement! Si elle était un homme, elle aurait bien eu l'énergie de faire une prompte fortune pour rendre heureuse une femme aimée! Elle lui reprochait d'être trop honnête homme, ce qui, dans la bouche de certaines femmes, est un brevet d'imbécillité. Elle lui dessinait de superbes plans dans lesquels elle négligeait les obstacles qu'y apportent les hommes et les choses; puis, comme toutes les femmes animées par un sentiment violent, elle devenait en pensée plus machiavélique que le plus vieux politique, plus rouée que le plus habile homme d'affaires ; son esprit concevait tout, et elle se contemplait elle-même dans l'étendue de ses idées. Au débouché de ces belles imaginations, Rabourdin, à qui la pratique était connue, restait froid. Célestine attristée jugea son mari étroit de cervelle, timide, peu compréhensif, et prit insensiblement la plus fausse opinion sur le compagnon de sa vie. D'abord, elle l'éteignait constamment par le brillant de sa discussion ; puis, comme ses idées lui venaient par éclairs, elle l'arrêtait court quand il commençait à donner une explication, afin de ne pas perdre une étincelle de son esprit. Dès les premiers jours de leur mariage, en se sentant aimée et admirée par Rabourdin, Célestine fut sans façon avec lui : elle se mit au-dessus de toutes les lois conjugales et de politesse intime, en demandant au nom de l'amour le pardon de ses petits méfaits; et comme elle ne se corrigea point, elle le domina constamment. Dans cette situation, un homme se trouve vis-à-vis de sa femme comme un enfant devant son précepteur, quand il ne peut ou ne veut pas croire que l'enfant qu'il a régenté petit, soit devenu grand. Semblable à madame de Staël, qui criait en plein salon à un plus grand homme qu'elle : « Savez-vous que vous venez de dire quelque chose de bien profond! » madame Rabourdin disait de son mari : — Il a quelquefois de l'esprit. Insensiblement la dépendance dans laquelle elle continuait à le tenir se manifesta sur sa physionomie par d'imperceptibles mouvemens ; son attitude et ses manières exprimèrent son manque de respect. Sans le savoir, elle nuisit donc à son mari ; car en tout pays, avant de juger un homme, le monde écoute ce qu'en pense sa femme, et demande ainsi ce que les Génevois appellent *un préavis* (en génevois on prononce *préavisse*).

Quand Rabourdin s'aperçut des fautes que

l'amour lui avait fait commettre, le pli était pris : il se tut et souffrit. Semblable à quelques hommes chez lesquels le sentiment et les idées sont en force égale, chez lesquels il se rencontre tout à la fois une belle ame et une cervelle bien organisée, il était l'avocat de sa femme au tribunal de son jugement : il se disait que la nature l'avait destinée à un rôle manqué par sa faute, à lui ; elle était comme un cheval anglais de pur sang, un coureur attelé à une charrette pleine de moëllons, elle souffrait ; enfin il se condamnait. Puis, à force de les répéter, sa femme lui avait inoculé ses croyances en elle-même ; les idées sont contagieuses en ménage : le Neuf Thermidor est, comme tant d'événemens immenses, le résultat d'une influence féminine. Aussi, poussé par l'ambition de Célestine, Rabourdin avait-il songé depuis long-temps au moyen de la satisfaire ; mais il lui cachait ses espérances pour ne pas lui en infliger les tourmens. Cet homme de bien était résolu de se faire jour dans l'administration en y pratiquant une forte trouée ; il voulait y produire une de ces révolutions qui placent un homme à la tête d'une partie quelconque de la société ; mais incapable de la bouleverser à son profit, il roulait des pensées utiles et rêvait un triomphe obtenu par de nobles moyens. Cette idée à la fois ambitieuse et généreuse, il est peu d'employés qui ne l'aient conçue; mais chez les employés comme chez les artistes, il y a beaucoup plus d'avortemens que d'enfantemens, ce qui revient au mot de Buffon : le génie c'est la patience. Mis à portée d'étudier l'administration française et d'en observer le mécanisme, Rabourdin avait opéré dans le milieu où le hasard faisait mouvoir sa pensée, ce qui, par parenthèse, est le secret de beaucoup d'œuvres humaines, et il avait fini par inventer un nouveau système d'administration. Connaissant les gens auxquels il aurait affaire, il avait respecté la machine qui fonctionnait alors, qui fonctionne encore et qui fonctionnera long-temps ; car tout le monde se serait effrayé à l'idée de la refaire, et personne ne pouvait se refuser à la simplifier : le problème à résoudre était donc un meilleur emploi des mêmes forces. Dans sa plus simple expression, son plan consistait à remanier les impôts de manière à les diminuer sans que l'État perdît ses revenus, et à obtenir, avec un budget égal au budget qui soulevait alors tant de folles discussions, des résultats deux fois plus considérables que les résultats actuels. Sa longue pratique lui avait démontré qu'en toute chose la perfection était produite par de simples reviremens. Economiser c'est simplifier, simplifier c'est supprimer un rouage inutile : il y a donc déplacement. Aussi, son système reposait-il sur un déclassement, il se traduisait par une nouvelle nomenclature administrative. La gît peut-être la raison de la haine que s'attirent les novateurs. Les suppressions exigées par leurs perfectionnemens, et d'abord mal comprises, menacent des existences qui ne se résolvent pas facilement à changer de condition ; mais ce qui rendait Rabourdin vraiment grand, était d'avoir su contenir l'enthousiasme qui saisit tous les inventeurs, d'avoir cherché patiemment un engrenage à chaque mesure afin d'éviter les chocs, en laissant au temps et à l'expérience le soin de démontrer l'excellence de chaque changement. La grandeur du résultat ferait croire à son impossibilité, si l'on perdait de vue cette pensée au milieu de la rapide analyse de ce système ; car il n'est pas indifférent d'indiquer, d'après ses confidences tout incomplètes qu'elles furent, le point d'où il partit pour embrasser l'horizon administratif. Ce récit, qui tient d'ailleurs au cœur de l'intrigue, expliquera peut-être aussi quelques malheurs des mœurs présentes.

Son cœur avait d'abord été profondément ému par les misères qu'il avait reconnues dans l'existence des employés, et il s'était demandé d'où venait leur croissante déconsidération. Il en avait recherché les causes, et les avait trouvées dans ces petites révolutions partielles qui sont comme le remous de la tempête de 1789 et que les historiens des grands mouvemens sociaux négligent d'examiner, quoiqu'en définitif elles fassent les mœurs actuelles ce qu'elles sont. Autrefois, sous la monarchie, les armées bureaucratiques n'existaient point. Peu nombreux, les employés obéissaient à un premier ministre toujours en communication avec le souverain, et servaient ainsi presque directement le roi. Les chefs de ces serviteurs zélés étaient simplement nommés des *premiers commis*. Dans les parties d'administration que le roi ne régissait pas lui-même, comme les Fermes, les employés étaient à leurs chefs ce que les commis d'une maison de commerce sont à leurs patrons : ils apprenaient une science qui devait leur servir à se faire une fortune. Ainsi, le moindre point de la circónférence se rattachait au centre et en recevait la vie. Il y avait donc dévouement et foi. Depuis 1789, l'État, la *patrie* si l'on veut, a remplacé le prince. Au lieu de relever directement d'un premier magistrat politique, les commis sont devenus, malgré nos belles idées sur la patrie, *des employés du gouvernement;* leurs chefs flottent à tous les vents d'un pouvoir qui ne sait pas la veille s'il existera le lendemain et qui s'appelle *le ministère.* Le courant des affaires devant toujours s'expédier, il surnage une certaine quantité de commis qui se sait indispensable quoique congéable à merci et qui veut rester en place. La bureaucratie, pouvoir gigantesque mis en mouvement par des nains, est née ainsi. Si en subordonnant toute chose et tout homme à sa volonté, Napoléon avait retardé pour un moment l'influence de la bureaucratie, ce rideau pesant placé entre le bien à faire et celui qui pourrait l'ordonner, elle s'était définitivement organisée sous le gouvernement constitutionnel, nécessairement ami des médiocrités, grand amateur de pièces probantes et de comptes, enfin tracassier comme une petite bourgeoise. Heureux de voir les ministres en lutte constante avec quatre cents petits esprits, avec dix ou douze têtes ambitieuses et de mauvaise foi, l'employé se hâta de se rendre indispensable en suppléant ses chefs : il créa le rapport, les dossiers, les cartons, les paperasses à l'appui des pièces sans lesquelles la France serait perdue, la circulaire sans laquelle elle n'irait pas ; il entretint à son profit la méfiance entre la recette et la dépense, il calomnia l'administration pour le salut de l'administrateur ; enfin il inventa les fils lilliputiens qui enchaînent la France à la centralisation parisienne, comme si, de 1500 à 1800, la France n'avait rien pu faire sans trente mille commis. En s'attachant à la chose publique comme le guy au poirier, l'employé s'en désintéressa complètement, et voici comme. Obligés d'obéir aux princes ou aux chambres qui leur imposent des parties prenantes au budget et forcés de garder des travailleurs, les ministres diminuaient les salaires et augmentaient les emplois, en pensant que plus il y aurait de monde employé par le gouvernement, plus le gouvernement serait fort. La loi contraire est un axiome écrit dans l'univers : il n'y a d'énergie que par la rareté des principes agissants; aussi l'événement a-t-il prouvé l'erreur du ministérialisme. Pour implanter un gouvernement au cœur d'une nation, il faut savoir y rattacher *des intérêts* et non *des hommes*. Conduit à mépriser le gouvernement qui lui retirait à la fois considération et salaire, l'employé se comportait en ce moment avec lui comme une courtisane avec un vieil amant, il lui donnait du travail pour son argent : situation aussi peu tolérable pour l'administration que pour l'employé, si tous deux osaient se tâter le pouls, et si les gros salaires n'étouffaient pas la voix des petits. Seulement occupé de se maintenir, de toucher ses appointemens et d'arriver à sa pension, l'employé se croyait tout permis pour obtenir ce grand résultat. Cet état de choses amenait le servilisme du commis, il engendrait de perpétuelles intrigues au sein des ministères où les pauvres employés luttaient contre une aristocratie dégénérée qui venait pâturer dans les communaux de la bourgeoisie, en exigeant des places pour ses enfans ruinés. Un homme supérieur pouvait difficilement marcher le long de ces haies tortueuses, plier, ramper, se couler dans la fange de ces sentines où les têtes remarquables effrayaient tout le monde. Un génie ambitieux se vieillit pour obtenir la triple couronne, il n'imite pas Sixte-Quint pour devenir chef de bureau. Il ne restait ou ne venait que des paresseux, des incapables ou des niais. Ainsi s'établissait lentement la médiocrité de l'administration française. Entièrement composée de petits esprits, elle mettait un obstacle à la prospérité du pays, retardait sept ans dans ses bureaux le projet d'un canal qui eût stimulé la production d'une province, s'épouvantait de tout, perpétuait les lenteurs, éternisait les abus qui la perpétuaient et l'éternisaient elle-même ; elle tenait tout et le ministre même en lisières ; enfin elle étouffait les hommes de talent assez hardis pour vouloir aller sans elle ou l'éclairer sur ses sottises. Le livre des pensions venait d'être publié, M. Rabourdin y vit un garçon de bureau avoir une retraite supérieure à celle des vieux colonels criblés de blessures ; l'histoire de la bureaucratie était là tout entière. Autre plaie engendrée par les mœurs modernes, et qu'il comptait parmi les causes de cette secrète démoralisation ! L'administration n'avait point de subordination réelle, il y régnait une égalité complète entre le chef d'une division importante et le dernier expéditionnaire : l'un était aussi savant que l'autre dans une arène où l'on se rejetait la besogne les uns aux autres. Les employés pouvaient se juger entre eux sans aucun respect. L'instruction, également dispensée sans mesure aux masses, amenait le fils d'un concierge de ministère à prononcer sur le sort d'un homme de mérite ou d'un grand propriétaire chez qui son père avait tiré le cordon de la porte. Le dernier venu pouvait donc lutter avec le plus ancien. Un surnuméraire éclaboussait son chef en allant à Longchamp dans un tilbury qui portait une jolie femme à laquelle il indiquait, par un mouvement de son fouet, le pauvre père de famille à pied, en lui disant : *voilà mon chef!* Les libéraux nommaient cet état de choses LE PROGRÈS, Rabourdin y voyait L'ANARCHIE au cœur du pouvoir; car il voyait en résultat des intrigues agitées comme celles du sérail entre des eunuques, des femmes et des sultans imbéciles, des petitesses de religieuses, des vexations sourdes, des tyrannies de collége, des travaux diplomatiques à effrayer un ambassadeur entrepris pour une gratification ou pour une augmentation, des sauts de puces attelées à un char de carton, des malices de nègre faites au ministre lui-même ; les gens réellement utiles, les travailleurs victimes des parasites ; les gens dévoués à leur pays qui tranchent vigoureusement sur la masse des incapacités, succombant sous d'ignobles trahisons. Toutes les hautes places allaient appartenir à l'influence parlementaire et non à la royauté, les employés se voyaient alors dans la condition de rouages vissés à une machine, il ne s'agissait plus pour eux que d'être plus ou moins graissés; fatale conviction qui étouffait bien des mémoires écrits en conscience sur les plaies secrètes du pays, désarmait bien des courages, corrodait les probités les plus sévères, fatiguées de l'injustice et conviées à l'insouciance par de dissolvans ennuis. Un commis des frères Rothschild correspond avec toute l'Angleterre, un seul employé pourrait correspondre avec tous les préfets ; mais là où l'un vient apprendre les élémens de sa fortune, l'autre perdrait inutilement son temps, sa vie et sa santé. Là était le mal. Certes un pays ne semble pas immédiatement menacé de mort parce qu'un employé de talent se retire et qu'un homme médiocre le remplace. Malheureusement pour les nations, aucun homme ne leur paraît indispensable à leur existence. Mais quand tout s'est à la longue amoindri, les nations disparaissent. Chacun peut, par instruction, aller voir à Venise, à Madrid, à Amsterdam, à Stockolm et à Rome les places où existèrent d'immenses pouvoirs, aujourd'hui détruits par la petitesse qui s'y est infiltrée et a gagné les sommités : au jour d'une lutte, tout s'est trouvé faible, l'État a succombé devant une faible attaque. Adorer le sot qui réussit, ne pas s'attrister à la chute d'un homme de talent est le résultat de notre triste éducation et de nos mœurs qui poussent les gens d'esprit à la raillerie et le génie au désespoir. Mais quel problème difficile à résoudre que celui de la réhabilitation des employés, au moment où le libéralisme criait par ses journaux dans toutes les boutiques industrielles que les traitemens des employés constituaient un vol perpétuel, configurait les chapitres du budget en forme de sangsues, et demandait chaque année où allait le milliard des impôts. Aux yeux de M. Rabourdin, l'employé, relativement au budget, était ce que le joueur est au jeu; tout ce qu'il en emporte, il le lui restitue; tout gros traitement impliquait une production. Payer mille francs par an à un homme pour lui demander toutes ses journées, n'était-ce pas organiser le vol et la misère; un forçat coûte presque autant et travaille moins; mais vouloir qu'un homme auquel l'état donnerait douze mille francs se vouât à son pays, était un contrat profitable à tous deux, et qui pouvait tenter les capacités.

Ces réflexions avaient donc conduit M. Rabourdin à une refonte du personnel. Employer peu de monde, tripler ou doubler les traitemens et supprimer les pensions, prendre les employés jeunes, comme faisaient Napoléon, Louis XIV, Richelieu et Ximenès, mais les garder long-temps en leur réservant les hauts emplois et de grands honneurs, étaient les points capitaux d'une réforme aussi utile à l'État qu'à l'employé. Il est difficile de raconter en détail, chapitre par chapitre, un plan qui embrassait le budget et qui descendait dans les infiniment petits de l'administration pour les synthétiser; mais peut-être une indication des principales réformes suffira-t-elle à ceux qui connaissent comme à ceux qui ignorent la constitution administrative. Quoique la position d'un historien soit dangereuse en racontant un plan qui ressemble à de la politique faite au coin du feu, encore est-il nécessaire de le crayonner, afin d'expliquer l'homme par l'œuvre. Supprimez le récit de ses travaux, vous ne voudrez plus croire le narrateur sur parole, s'il se contentait d'affirmer le talent ou l'audace d'un chef de bureau.

M. Rabourdin divisait la haute administration en trois ministères. Il avait pensé que si jadis il se trouvait des têtes assez fortes pour embrasser l'ensemble des affaires intérieures et extérieures, la France d'aujourd'hui ne manquerait jamais de Mazarin, de Suger, de Sully, de Choiseul, de Colbert pour diriger des ministères plus vastes que les ministères actuels. D'ailleurs, constitutionnellement parlant, trois ministres s'accordaient plus facilement que sept; il était moins difficile aussi de se tromper quant au talent, et peut-être la royauté éviterait-elle ainsi ces perpétuelles oscillations ministérielles qui ne permettaient de suivre aucun plan de politique extérieure, ni d'accomplir aucune amélioration intérieure. En Autriche, où des nations diverses réunies offraient des intérêts différens à concilier et à conduire sous une même couronne, deux hommes d'État supportaient en ce moment le poids des affaires publiques, sans en être accablés. La France était-elle plus pauvre que l'Allemagne en capacités politiques? D'abord, n'était-il pas naturel de réunir le ministère de la marine au ministère de la guerre? Pour Rabourdin, la marine paraissait un des comptes courans du ministère de la guerre, comme l'artillerie, la cavalerie, l'infanterie et l'intendance. N'était-ce pas un contre-sens de donner aux amiraux et aux maréchaux une administration séparée, quand ils marchaient vers un but commun : la défense du pays, l'attaque de l'ennemi, la protection des possessions nationales? Le ministère de l'intérieur devait réunir le commerce, la police et les finances, sous peine de mentir à son nom. Au ministère des affaires étrangères appartenaient la justice, la maison du roi, et tout ce qui dans le ministère de l'intérieur concernait les arts, les lettres et les graces : toute protection devait découler immédiatement du souverain, et ce ministère impliquait la présidence du conseil. Chacun de ces trois ministères ne comportait pas plus de deux cents employés à son administration centrale, où Rabourdin les logeait tous, comme jadis sous la monarchie. En prenant pour moyenne une somme de 12,000 fr. par tête, il ne comptait que 7 millions pour des chapitres qui en coûtaient plus de 20 dans le budget actuel; car en réduisant ainsi les ministères à trois têtes, il supprimait des administrations entières devenues inutiles, et les énormes frais de leurs établissemens dans Paris. Il prouvait qu'un arrondissement devait être administré par dix hommes, une préfecture par douze au plus, ce qui ne supposait que cinq mille employés pour toute la France, justice et armée à part, nombre que dépassait alors le chiffre seul des employés aux ministères. Mais, dans son plan, les greffiers des tribunaux étaient chargés du régime hypothécaire, mais le ministère public était chargé de l'enregistrement et des domaines, car il avait réuni dans un même centre les parties similaires : ainsi l'hypothèque, la succession, l'enregistrement ne sortaient pas de leur cercle d'action, et ne nécessitaient que trois surnuméraires par tribunal, et trois par cour royale.

L'application constante de ce principe avait conduit Rabourdin à la réforme des finances. Il avait confondu toutes les perceptions d'impôts en une seule, en taxant la consommation en masse au lieu de taxer la propriété. Selon lui, la consommation était l'unique matière imposable en temps de paix. La contribution foncière devait être réservée pour les cas de guerre ; alors seulement l'État pouvait demander des sacrifices au sol, car alors il s'agissait de le défendre ; mais, en temps de paix, c'était une lourde faute politique que de l'inquiéter au-delà d'une certaine limite, on ne le trouvait plus dans les grandes crises. Ainsi l'*Emprunt* pendant la paix, parce qu'il se faisait au pair et non à cinquante pour cent de perte comme dans les temps mauvais ; puis, pendant la guerre, la *contribution foncière*. « L'invasion de 1814 et de 1815, disait-il, a fondé en France et démontré une institution que ni Law ni Napoléon n'avaient pu établir : *le crédit*. » Malheureusement il considérait les vrais principes de cette admirable machine comme encore peu compris. Rabourdin imposait la consommation par le mode des contributions directes, en supprimant tout l'attirail des contributions indirectes ; la recette de l'impôt se résolvait par un rôle unique composé de divers articles. Il abattait ainsi les gênantes barrières qui barricadent les villes auxquelles il procurait de plus gros revenus, en simplifiant leurs modes actuels de perception, énormément coûteux. Diminuer la lourdeur de l'impôt n'est pas en matière de finance diminuer l'impôt, c'est le mieux répartir ; l'alléger c'est augmenter la masse des transactions en leur laissant plus de jeu ; l'individu paie moins et l'État reçoit davantage. Cette réforme, qui peut sembler immense, reposait sur un mécanisme fort simple.

Rabourdin avait pris l'impôt personnel et mobilier comme la représentation la plus fidèle de la consommation générale. Les fortunes individuelles s'expriment admirablement en France par le loyer, par le nombre des domestiques, par les chevaux et les voitures de luxe qui se prêtent à la fiscalité ; car les habitations et ce qu'elles contiennent varient peu, et disparaissent difficilement. Après avoir indiqué les moyens de confectionner un rôle de contributions mobilières plus sincère que ne l'était le rôle actuel, il répartissait les sommes que produisaient au trésor les impôts dits *indirects* en *un tant pour cent* de chaque cote individuelle. En effet, l'impôt est un prélèvement d'argent fait sur les choses ou sur les personnes, sous des déguisemens plus ou moins spécieux ; mais le temps de ces déguisemens, bon quand il fallait extorquer l'argent, était passé dans une époque où la classe sur laquelle pèsent les impôts sait pourquoi l'État les prend et par quel mécanisme il les lui rend, car le budget n'est pas un coffre-fort, mais un arrosoir ; plus il prend et répand d'eau, plus un pays prospère. Ainsi supposez six millions de *cotes aisées* (il en avait prouvé l'existence, en y comprenant les *cotes riches*), ne valait-il pas mieux leur demander directement *un droit de vin* qui ne serait pas plus ridicule que l'impôt des portes et fenêtres et produirait soixante millions, plutôt que de les tourmenter en imposant la chose même ? Par cette régularisation de l'impôt, chaque particulier paierait moins en réalité, l'État recevrait davantage, et les consommateurs jouiraient d'une immense réduction dans le prix des choses que l'État ne soumettrait plus à des tortures infinies. Il conservait un droit de culture sur les vignobles, afin de protéger cette industrie contre la trop grande abondance de ses produits. Puis, pour atteindre les consommations des cotes pauvres, les patentes des débitans étaient taxées d'après la population des lieux qu'ils habitaient. Ainsi, sous trois formes : droit de vin, droit de culture et patente, le trésor levait une recette énorme sans frais ni vexations, là où il y avait un impôt vexatoire partagé entre ses employés et lui. L'impôt pesait ainsi sur le riche au lieu de tourmenter le pauvre. Un autre exemple. Supposez un franc ou deux par cote de droits de sel, vous obtenez six ou douze millions, la gabelle moderne disparait, la population pauvre respire, l'agriculture est soulagée, l'État reçoit tout autant, et nulle cote ne se plaint, car cette cote est propriétaire, et peut reconnaître immédiatement les bénéfices d'un impôt ainsi réparti en voyant au fond des campagnes la vie s'améliorer ; puis, d'année en année, l'État verrait le nombre des *cotes aisées* s'accroître. En supprimant l'administration des contributions indirectes, machine extrêmement coûteuse, et qui est un État dans l'État, le trésor et les particuliers y gagnaient donc énormément, à ne considérer que l'économie de ses frais de perception. Le tabac et la poudre s'affermaient en régie, sous une surveillance. Son système sur ces deux régies, développé par d'autres que lui lors du renouvellement de la loi sur les tabacs, était si convaincant qu'elle n'eût point passé dans une chambre à qui l'on n'aurait pas mis le marché à la main, comme le fit alors le ministère. Ce fut alors moins une question de finance qu'une question de gouvernement. L'État ne possédait plus rien en propre, ni forêts, ni mines, ni exploitations. Aux yeux de Rabourdin l'État possesseur de domaines constituait un contre-sens administratif, car il ne savait pas faire valoir et se privait de contributions ; il perdait deux produits à la fois. Quant aux fabriques du gouvernement, c'était le même nonsens reporté dans la sphère de l'industrie. L'État obtenait des produits plus coûteux que ceux du commerce, plus lentement confectionnés, et perdait ses droits sur les mouvemens de l'industrie, à laquelle il retranchait des alimentations. Était-ce administrer un pays que d'y fabriquer au lieu d'y faire fabriquer, d'y posséder au lieu de créer le plus de possessions diverses? L'État n'exigeait plus un seul cautionnement en argent. Rabourdin n'admettait que des cautionnemens hypothécaires. Voici pourquoi. Ou l'État gardait le cautionnement en nature, et c'était gêner le mouvement de l'argent ; ou il l'employait à un taux supérieur à l'intérêt qu'il en donnait, et c'était un vol ignoble; ou il y perdait, et c'était une sottise ; enfin, s'il disposait un jour de la masse des cautionnemens, il préparait dans certains cas une banqueroute horrible. L'impôt territorial disparaissait donc, et les productions du sol devenaient libres. Les riches administraient gratuitement les départemens, en ayant pour récompense la pairie sous certaines conditions. Les magistrats, les corps savans, les officiers inférieurs voyaient leurs services honorablement récompensés ; il n'y avait pas d'employé qui n'obtînt une immense considération, méritée par l'étendue de ses travaux et l'importance de ses appointemens ; chacun d'eux pensait lui-même à son avenir, et la France n'avait plus sur le corps le cancer des pensions. En résultat, Rabourdin trouvait sept cents millions de dépenses seulement et douze cents millions de recettes. Il était clair qu'un remboursement de cinq cents millions annuels jouait avec un peu plus de force que le maigre amortissement dont il avait démontré le vice, car c'était encore selon lui l'État se faisant rentier, comme l'État s'entêtant à posséder et à fabriquer. Enfin, pour exécuter sans secousses sa réforme, et pour éviter une Saint-Barthélemy d'employés, Rabourdin demandait de 1825 à 1845.

Telles étaient les pensées qu'il avait mûries depuis le jour où sa place avait été donnée à M. de la Billardière, homme incapable. Ce plan si vaste en apparence, si simple en réalité, qui supprimait tant de gros états-majors et tant de petites places également inutiles, exigeait de continuels calculs, des statistiques exactes, des preuves évidentes. Il avait pendant long-temps étudié le budget sur sa double face, celle des voies et moyens, celle des dépenses ; il avait passé bien des nuits à l'insu de sa femme. Ce n'était rien encore que d'avoir osé concevoir ce plan et de l'avoir superposé sur le cadavre administratif, il fallait s'adresser à un ministre capable de l'apprécier. Le succès de Rabourdin tenait donc à la tranquillité d'une politique alors toujours agitée. Il ne considéra le gouvernement comme définitivement assis qu'au moment où trois cents députés eurent le courage de former une majorité compacte, systématiquement ministérielle. Une administration fondée sur cette base s'était établie depuis que Rabourdin avait achevé ses travaux. A cette époque, le luxe de la paix due aux Bourbons faisait oublier le luxe guerrier du temps où la France brillait comme un vaste camp, prodigue et magnifique parce qu'il était victorieux. Après sa campagne en Espagne, le ministère paraissait devoir commencer une de ces paisibles carrières où le bien peut s'accomplir, et depuis trois mois, un nouveau règne avait commencé sans éprouver aucune entrave; le libéralisme de la gauche avait salué Charles X avec autant d'enthousiasme que la droite. C'était à tromper les gens les plus clair-voyans, le moment semblait donc propice. N'était-ce pas un gage de durée pour une administration que de proposer et de mettre à fin une réforme dont les résultats étaient aussi grands? Jamais donc Rabourdin ne s'était montré plus soucieux, plus préoccupé le matin quand il allait par les rues au ministère, et le soir à quatre heures et demie quand il en revenait.

De son côté, madame Rabourdin, désolée de sa vie manquée, ennuyée de travailler en secret pour se procurer quelques jouissances de toilette, ne s'était jamais montrée plus aigrement mécontente ; mais en femme attachée à son mari, elle regardait comme indignes d'une femme supérieure les honteux commerces par lesquels certaines femmes d'employés suppléaient à l'insuffisance des appointemens. Elle était surtout humiliée d'être mariée à un homme sans énergie, car elle prenait l'immobilité du penseur politique et la préoccupation du travailleur intrépide pour l'apathique abattement de l'employé dompté par l'ennui des bureaux, et vaincu par la plus détestable de toutes les misères, par une médiocrité qui permet de vivre. Donc, vers cette époque, elle avait, dans sa grande ame, résolu de faire à elle seule la fortune de son mari, de l'élever à tout prix, et de lui cacher les ressorts qu'elle ferait jouer. Elle porta dans ses conceptions cette indépendance d'idées qui la distinguait, et se complut à s'élever au-dessus des femmes en n'obéissant point à leurs petits préjugés, en ne s'embarrassant point des entraves que la société leur impose. Dans sa rage, elle se promit de battre les sots avec leurs armes, et de se jouer elle-même s'il le fallait. Elle vit enfin les choses de haut. L'occasion était favorable. M. de la Billardière, attaqué d'une maladie mortelle, allait succomber sous peu de jours. Si Rabourdin lui succédait, ses talens, car Célestine lui accordait des talens administratifs, seraient si bien appréciés, que la place de maître des requêtes, autrefois promise, lui serait donnée; elle le voyait commissaire du roi, défendant des projets de loi aux chambres : elle l'aiderait alors, elle deviendrait, s'il était besoin, son secrétaire, elle passerait des nuits. Tout cela pour aller au bois de Boulogne dans une charmante calèche, pour marcher de pair avec madame Delphine de Nucingen, pour élever son salon à la hauteur

de celui du baron Martial de la Roche-Hugon,
pour être invitée aux grandes solennités ministérielles, pour conquérir des auditeurs, pour faire dire d'elle : Madame Rabourdin de *quelque chose* (elle ne connaissait pas encore sa terre), comme on disait madame Firmiani, madame d'Espard, madame d'Aiglemont, madame de Carigliano. Enfin pour effacer surtout l'odieux nom de Rabourdin. Ces secrètes conceptions engendrèrent quelques changemens dans l'intérieur du ménage. Madame Rabourdin commença par marcher d'un pas ferme dans la voie de la *dette*. Elle reprit un domestique mâle, lui fit porter une livrée insignifiante, drap brun à liserés rouges ; elle rafraîchit quelques parties de son mobilier, tendit à nouveau son appartement, l'embellit de fleurs souvent renouvelées, l'encombra des futilités qui devenaient alors à la mode ; puis, elle qui avait quelques scrupules sur ses dépenses, n'hésita plus à remettre sa toilette en harmonie avec le rang au-

quel elle aspirait, et dont les bénéfices furent escomptés dans quelques magasins où elle fit ses provisions pour la guerre. Ses mercredis devinrent beaucoup plus suivis. Elle donna régulièrement un dîner le vendredi, ses convives furent tenus à faire une visite en prenant une tasse de thé, le mercredi suivant. Elle choisit habilement ses convives parmi les députés influens, parmi les gens qui, de loin ou de près, pouvaient servir ses intérêts, enfin elle eut un entourage fort convenable. On s'amusait beaucoup chez elle; on le disait, du moins, ce qui suffit à Paris pour attirer le monde. Rabourdin était si profondément occupé de son grave et grand travail, qu'il ne remarqua pas cette recrudescence de luxe au sein de son ménage. Ainsi la femme et le mari assiégeaient la même place, en opérant sur des lignes parallèles, à l'insu l'un de l'autre.

CHAPITRE II.

MONSIEUR DES LUPEAULX.

Au ministère de Rabourdin, florissait alors comme secrétaire-général certain monsieur Clément Chardin des Lupeaulx, un de ces personnages que le flot des événemens politiques met en saillie pendant quelques années, qu'il emporte en un jour d'orage, et que vous retrouvez sur la rive, à je ne sais quelle distance, échoués comme la carcasse d'une embarcation, mais qui semblent être encore quelque chose. Le voyageur se demande si ce débris n'a pas contenu des marchandises précieuses, servi dans de grandes circonstances, coopéré à quelque résistance, supporté le velours d'un trône ou transporté le cadavre d'une royauté. En ce moment, M. Clément des Lupeaulx (les Lupeaulx absorbait le Chardin) atteignait à son apogée, car dans les existences les plus illustres comme dans les plus obscures, il y a pour l'animal comme pour les secrétaires-généraux un zénith et un nadir, une période où le pelage est magnifique, où la fortune rayonne de tout son éclat. Dans la nomenclature créée par les fabulistes, M. des Lupeaulx appartenait au genre des Bertrand, et ne s'occupait qu'à trouver des Ratons. Les moralistes déploient ordinairement leur verve sur les abominations transcendantes: pour eux, les crimes sont à la cour d'assises ou à la police correctionnelle, mais les finesses sociales leur échappent : l'habileté qui triomphe sous les armes du Code est au-dessus ou au-dessous d'eux, ils n'ont ni loupe ni longue-vue ; il leur faut de bonnes grosses horreurs, bien visibles ; toujours occupés des carnassiers, ils négligent les reptiles ; heureusement pour les poètes comiques, ils leur laissent les nuances qui colorent le Chardin des Lupeaulx.

Egoïste et vain, souple et fier, libertin et gourmand, avide à cause de ses dettes, discret comme une tombe d'où rien ne sort pour démentir l'inscription destinée aux passans, intrépide et sans peur quand il sollicitait, aimable et spirituel dans toute l'acception du mot, moqueur à propos, plein de tact, sachant vous compromettre par une caresse comme par un coup de coude, ne reculant devant aucune largeur de ruisseau et sautant avec grâce, effronté voltairien et allant à la messe à Saint-Thomas-d'Aquin quand il s'y trouvait une belle assemblée, M. le secrétaire-général ressemblait à toutes les médiocrités qui forment le noyau du monde politique. Savant de la science des autres, il avait pris la position d'écouteur, et il n'en existait point de plus attentif ; aussi, pour ne pas éveiller le soupçon, était-il flatteur jusqu'à la nausée, insinuant comme un parfum et caressant comme une femme. Il allait accomplir sa quarantième année. Sa jeunesse l'avait désespéré pendant long-temps, car il sentait que l'assiette de sa fortune politique dépendait de la députation. Comment était-il parvenu ? se dira-t-on. Par un moyen bien simple : Bonneau politique, des Lupeaulx se chargeait des missions délicates que l'on ne peut donner ni à un homme qui se respecte, ni à un homme qui ne se respecte pas, mais qui se confient à des êtres sérieux et apocryphes tout ensemble, que l'on peut avouer ou désavouer à volonté. Son état était d'être toujours compromis, et il avançait autant par la défaite que par le succès. Il avait compris que sous la Restauration, temps de transactions continuelles entre les hommes, entre les choses, entre les faits accomplis et ceux qui se massaient à l'horizon, le pouvoir aurait besoin d'une femme de ménage. Une fois que dans une maison il s'introduit une vieille qui sait comment se fait et se défait le lit, où se balaient les ordures, où se jette et d'où se tire le linge sale, où se serre l'argenterie, comment s'apaise un créancier, quels gens doivent être reçus ou mis à la porte; cette créature eût-elle des vices, fût-elle sale, bancroche ou édentée, mît-elle à la loterie et prît-elle trente sous par jour pour se faire une mise, les maîtres l'aiment par habitude, tiennent devant elle conseil dans les circonstances les plus critiques : elle est là, rappelle les ressources et flaire les mystères, apporte à propos le pot de rouge et le schall, se laisse gronder, rouler par les escaliers, et le lendemain au réveil présente gaîment un excellent consommé. Quelque grand que soit un homme, il a besoin d'une femme de ménage avec laquelle il puisse être faible, indécis, disputailleur avec son propre destin, s'interroger, se répondre et s'enhardir au combat. N'est-ce pas comme le bois mou des Sauvages, qui, frotté contre du bois dur, donne le feu? Beaucoup de génies s'allument ainsi. Napoléon faisait ménage avec Berthier, et Richelieu avec le père Joseph : des Lupeaulx faisait ménage avec tout le monde. Il restait l'ami des ministres déchus en se constituant leur intermédiaire auprès de ceux qui arrivaient; il embaumait ainsi la dernière flatterie et parfumait le premier compliment. Il entendait d'ailleurs admirablement les petites choses auxquelles un homme d'État n'a pas le loisir de songer : il comprenait une nécessité, il obéissait bien ; il relevait sa bassesse en en plaisantant le premier, afin d'en relever tout le prix, et choisissait toujours dans les services à rendre celui que l'on n'oublierait pas. Ainsi, quand il fallut franchir le fossé qui séparait l'Empire de la Restauration, quand chacun cherchait une planche pour le passer, au moment où les roquets de l'Empire se ruaient dans un dévouement de paroles, des Lupeaulx passait la frontière après avoir emprunté de fortes sommes à des usuriers. Jouant le tout pour le tout, il rachetait en Allemagne les créances les plus criardes sur le roi Louis XVIII, et liquidait par ce moyen, lui le premier, près de 3 millions à 20 pour 100; car il eut le bonheur d'opérer à cheval sur 1814 et sur 1815. Les bénéfices furent dévorés par les sieurs Gobseck, Werbrust et Gigonnet, croupiers de l'entreprise : des Lupeaulx les leur avait promis; il ne jouait pas une mise, il jouait toute la banque, en sachant bien que Louis XVIII n'était pas homme à oublier cette lessive.

Des Lupeaulx fut nommé maître des requêtes, chevalier de Saint-Louis et officier de la Légion-d'Honneur. Une fois grimpé, l'homme habile chercha les moyens de se maintenir sur son échelon, car dans la place forte où il s'était introduit les généraux ne conservent pas long-temps les bouches inutiles. Aussi, à son métier de ménagère et d'entremetteur, avait-il joint la consultation gratuite dans les maladies secrètes du pouvoir. Après avoir reconnu chez les prétendues supériorités de la restauration une profonde infériorité relativement aux événemens qui les dominaient, il avait imposé leur médiocrité politique en leur apportant, leur vendant au milieu d'une crise ce mot d'ordre que les gens de talent écoutent dans l'avenir. Ne croyez point que ceci vînt de lui-même. Autrement, des Lupeaulx eût été un homme de génie, et ce n'était qu'un homme d'esprit. Ce Bertrand allait partout, recueillait les avis, sondait les consciences et saisissait les sons qu'elles rendaient, il récoltait la science en véritable et infatigable abeille politique. Ce dictionnaire de Bayle vivant ne faisait pas comme le fameux dictionnaire, il ne rapportait pas toutes les opinions sans conclure, il avait le talent de la mouche et tombait droit sur la chair la plus exquise, au milieu de la cuisine. Aussi, passait-il pour un homme d'État indispensable. Cette croyance avait pris de si profondes racines dans les esprits, que les ambitieux arrivés jugeaient nécessaire de bien le compromettre, afin de l'empêcher de monter plus haut ; ils le dédommageaient par un crédit secret de son peu d'importance publique. Néanmoins, en se sentant appuyé sur tout le monde, ce pêcheur d'idées avait exigé des arrhes perpétuelles : il était rétribué par l'état-major dans la garde nationale où il avait une sinécure payée par la ville de Paris, il était commissaire du gouvernement près d'une Société Anonyme, il avait une inspection dans la maison du roi. Ses deux places inscrites au budget étaient celles de secrétaire-général et de maître des requêtes. Pour le moment, il voulait être commandant de la Légion-d'Honneur, gentilhomme de la chambre, comte et député. Pour être député, il fallait payer mille francs d'impôt, la misérable bicoque des Lupeaulx valait à peine cinq cents francs de rente. Où prendre l'argent pour y bâtir un château, pour l'entourer de plusieurs domaines respectables, et venir y jeter de la poudre aux yeux de tout un arrondissement? Quoique dînant tous les jours en ville, quoique logé depuis neuf ans aux frais de l'État, quoique voituré par le ministère, des Lupeaulx ne possédait guère que trente mille francs de dettes franches et liquides sur lesquelles personne n'élevait de contestation. Un mariage pouvait le mettre à flot en écopant sa barque pleine des eaux de la dette ; mais le bon mariage dépendait de son avancement ; son avancement voulait la députation. En cherchant les moyens de briser ce cercle vicieux, il ne voyait qu'un immense service à rendre ou quelque bonne affaire à combiner. Mais, hélas ! les conspirations étaient usées, et les Bourbons avaient en apparence vaincu les partis. Enfin malheureusement, depuis quelques années le gouvernement était si bien mis à jour par les sottes discussions de la gauche qui s'étudiait à rendre tout gouvernement impossible en France, qu'on ne pouvait plus y faire d'affaires ; les dernières s'étaient accomplies en Espagne, et combien n'avait-on pas crié ! Puis des Lupeaulx avait multiplié les difficultés en croyant à l'amitié de son ministre, auquel il eut l'imprudence d'exprimer le désir d'être assis sur les bancs ministériels. Les ministres devinèrent d'où venait ce désir, des Lupeaulx voulait consolider une position précaire et ne plus être dans leur dépendance. Le basset se révoltait contre le chasseur. Les ministres lui donnèrent quelques coups de fouet et le caressèrent tour à tour : ils lui suscitèrent des rivaux ; mais des Lupeaulx se conduisit avec eux comme une habile courtisane avec de nouvelles venues : il leur tendit des piéges, ils y tombèrent, il en fit promptement justice. Plus il se sentit menacé, plus il désira conquérir un poste inamovible ; mais il fallait jouer serré ! En un instant, il pouvait tout perdre : un trait de plume abattrait ses épaulettes de colonel civil, son inspection, sa sinécure à la Société Anonyme, ses deux places et leurs avantages ; en tout, six traitemens conservés sous le feu de la loi sur le cumul. Souvent il menaçait son ministre comme une maîtresse menace son amant, il se disait sur le point d'épouser une riche veuve, le ministre cajolait alors le cher des Lupeaulx. Dans un de ces raccommodemens, il reçut la promesse formelle d'une place à l'Académie des inscriptions et belles-lettres, lors de la première vacance. C'était, disait-il, le pain d'un cheval.

Dans son admirable position, M. Clément Chardin des Lupeaulx était comme un arbre planté dans un terrain favorable, il pouvait satisfaire ses vices, ses fantaisies, ses vertus et ses défauts. Voici les fatigues de sa vie. Entre cinq ou six invitations journalières, il avait à choisir la maison où se trouvait le meilleur dîner, il allait faire rire le matin le ministre et sa femme au petit lever, caressait les enfans et jouait avec eux ; puis il travaillait une heure ou deux, c'est-à-dire il s'étendait dans un bon fauteuil pour lire les journaux, dicter le sens d'une lettre, recevoir quand le ministre n'y était pas, expliquer en gros la besogne, attraper ou distribuer quelques gouttes d'eau bénite de cour, parcourir des pétitions d'un coup de lorgnon ou les apostiller par une signature qui signifiait : « *Je m'en moque, faites comme vous voudrez !* » chacun savait que quand des Lupeaulx s'intéressait à quelqu'un ou à quelque chose, il s'en mêlait personnellement. Il permettait aux employés supérieurs quelques causeries intimes sur les affaires délicates, et il écoutait leurs cancans intérieurs. De temps en temps il allait au château prendre le mot d'ordre. Enfin il attendait le ministre au retour de la Chambre quand il y avait session, pour savoir s'il fallait inventer et diriger quelque manœuvre. Le sybarite ministériel s'habillait, dînait et visitait douze ou quinze salons de huit heures à trois heures du matin. A l'Opéra, il causait avec les journalistes, car il était avec eux du dernier bien. Il y avait entre eux un continuel échange de petits services : il leur entonnait ses fausses nouvelles et gobait les leurs ; il les empêchait d'attaquer tel ou tel ministre sur telle ou telle chose qui ferait, disait-il, une vraie peine à leurs femmes ou à leurs maîtresses. « Dites que le projet de loi ne vaut rien, et démontrez-le si vous pouvez ; mais ne dites pas que Victorine a mal dansé. Calomniez notre affection pour nos proches en jupons, mais ne révélez pas nos farces de jeune homme. Diantre ! nous avons tous fait nos vaudevilles, et nous ne savons pas ce que nous pouvons devenir par le temps qui court. Vous serez peut-être ministre, vous qui salez aujourd'hui les tartines du *Constitutionnel.* » En revanche, dans l'occasion il servait les rédacteurs, il levait tout obstacle à la représentation d'une pièce, il lâchait à propos des gratifications ou quelque bon dîner, il promettait de faciliter la conclusion d'une affaire. D'ailleurs, il aimait la littérature et protégeait les arts : il avait des autographes, de magnifiques albums *gratis*, des esquisses, des tableaux. Il faisait beaucoup de bien aux artistes en ne leur nuisant pas, en les soutenant dans certaines occasions où leur amour-propre voulait une satisfaction peu coûteuse. Aussi était-il aimé par tout ce monde de coulisses, de journalistes et d'artistes. D'abord, ils avaient les mêmes vices et la même paresse ; puis ils se moquaient si bien de tout entre deux vins ou entre deux danseuses ! le moyen de ne pas être amis ? Si des Lupeaulx n'eût pas été secrétaire-général, il aurait été journaliste. Aussi dans la lutte des quinze années où la batte de l'épigramme ouvrit la brèche par où passa l'insurrection, des Lupeaulx ne reçut-il jamais le moindre coup.

En le voyant jouer à la boule dans le jardin

du ministère avec les enfans de Monseigneur, le fretin des employés se creusait la cervelle pour deviner le secret de son influence et la nature de son travail ; tandis que les talons rouges de tous les ministères le regardaient comme le plus dangereux Méphistophélès, l'adoraient et lui rendaient avec usure les flatteries qu'il débitait dans une sphère plus élevée. Indéchiffrable comme une énigme hiéroglyphique pour les petits, l'utilité du secrétaire-général était claire comme une règle de trois pour les intéressés.

Au physique, Clément des Lupeaulx était le reste d'un joli homme : taille de cinq pieds quatre pouces, embonpoint tolérable, le teint échauffé par la bonne chère, un air usé, une titus poudrée, de petites lunettes fines ; au moins blond, couleur indiquée par une main potelée comme celle d'une vieille femme blonde, un peu trop carrée, les ongles courts, une main de atrape ; le pied ne manquait pas de distinction.

Passé cinq heures, il était toujours en bas de soie à jour, en souliers, pantalon noir, gilet de cachemire, mouchoir de batiste sans parfums, chaîne d'or, habit bleu de roi à boutons ciselés, et sa brochette d'ordres ; le matin, des bottes craquantes et un pantalon gris. Sa tenue ressemblait beaucoup plus à celle d'un avoué madré qu'à la contenance d'un ministre. Son œil miroité par l'usage des lunettes le rendait plus laid qu'il ne l'était réellement quand par malheur il les ôtait. Pour les juges habiles, pour les gens droits que le vrai seul met à l'aise, M. des Lupeaux était insupportable : ses façons gracieuses frisaient le mensonge, ses protestations aimables, ses vieilles gentillesses toujours neuves pour les imbéciles, montraient trop la corde. Tout homme perspicace voyait en lui une planche pourrie sur laquelle il fallait bien se garder de poser le pied.

Dès que la belle madame Rabourdin daigna s'occuper de la fortune administrative de son mari, elle devina Clément des Lupeaulx et l'étudia pour savoir si dans cette volige il y avait encore quelques fibres ligneuses assez solides pour lestement passer dessus du Bureau à la Division, de huit mille à douze mille francs. La femme supérieure crut pouvoir jouer ce roué politique. M. des Lupeaulx fut donc un peu cause des dépenses extraordinaires qui s'étaient faites et qui se continuaient dans le ménage de Rabourdin.

La rue Duphot, bâtie sous l'Empire, est remarquable par quelques maisons élégantes au dehors et dont les appartemens ont été généralement bien entendus. Celui de madame Rabourdin avait d'excellentes dispositions, avantage qui entre pour beaucoup dans la noblesse de la vie intérieure. C'était une jolie antichambre assez vaste, éclairée sur la cour et menant à un grand salon dont les fenêtres avaient vue sur la rue. A droite de ce salon, se trouvaient le cabinet et la chambre de Rabourdin, en retour desquels était la salle à manger où l'on entrait par l'antichambre ; à gauche, la chambre à coucher de madame et son cabinet de toilette, en retour desquels était le petit appartement de Clotilde. Aux jours de réception, la porte du cabinet de Rabourdin et celle de la chambre de madame restaient ouvertes. L'espace permettait de recevoir une assemblée choisie, sans se donner le ridicule qui pèse sur certaines soirées bourgeoises où le luxe s'improvise aux dépens des habitudes journalières et paraît une exception. Le salon venait d'être retendu en soie jaune avec des agrémens de couleur carmélite. La chambre de madame était vêtue en étoffe *vraie perse* et meublée dans le genre *rococo*. Le cabinet de Rabourdin hérita de la tenture de l'ancien salon nettoyée, et fut orné des beaux tableaux laissés par M. Leprince. La fille du commissaire-priseur utilisa dans sa salle à manger de ravissans tapis turcs, bonne occasion saisie par son père, en les y encadrant dans de vieux ébènes, d'un prix devenu exorbitant. D'admirables buffets de Boulle, achetés également par le commissaire-priseur, meublèrent le pourtour de cette pièce, au milieu de laquelle scintillèrent les arabesques en cuivre incrustées dans l'écaille de la première horloge à socle qui reparut pour remettre en honneur les chefs-d'œuvre du dix-septième siècle. Des fleurs embaumaient cet appartement plein de goût et de belles choses, où chaque détail était une œuvre d'art bien placée et bien accompagnée, où madame Rabourdin, mise avec cette originale simplicité que trouvent les artistes, se montrait comme une femme accoutumée à ces jouissances, n'en parlait pas et se contentait d'achever par les grâces de son esprit l'effet produit sur ses hôtes par cet ensemble. Grâce à son père, dès que le *rococo* fut à la mode, elle fit parler d'elle.

Quelque habitué qu'il fût aux fausses et aux réelles magnificences de tout étage, M. des Lu-

peaulx fut surpris chez madame Rabourdin.
Le charme qui saisit cet Asmodée parisien peut
s'expliquer par une comparaison. Imaginez un
voyageur fatigué des mille aspects si riches de
l'Italie, du Brésil, des Indes, qui revient dans
sa patrie et trouve sur son chemin un délicieux
petit lac, comme est le lac d'Orta au pied du
Mont-Rose : une île bien jetée dans des eaux
calmes, coquette et simple, naïve et cependant parée, solitaire et bien accompagnée : élégans bouquets d'arbres, statues d'un bel effet.
A l'entour, des rives à la fois sauvages et cul-
tivées; le grandiose et ses tumultes au-dehors,
au-dedans les proportions humaines. Le monde
qu'il a vu se retrouve en petit, modeste et pur.
Son âme reposée le convie à rester là. Un
charme poétique et mélodieux l'entoure de
toutes les harmonies et réveille toutes les
idées; c'est à la fois une Chartreuse et la vie !
Quelques jours auparavant, la belle madame
Firmiani, l'une des plus ravissantes femmes du

faubourg Saint-Germain, qui aimait et recevait madame Rabourdin, avait dit à des Lupeaulx, invité tout exprès pour entendre cette phrase : — Pourquoi n'allez-vous donc pas chez madame ? elle a des soirées délicieuses, et surtout on y dîne... mieux que chez moi. Des Lupeaulx s'était laissé surprendre une promesse par la belle madame Rabourdin qui, pour la première fois, avait levé les yeux sur lui en parlant; il y était allé, n'est-ce pas tout dire ? La femme n'a qu'une ruse, s'écrie Figaro, mais elle est infaillible. En dînant chez un simple chef de bureau, des Lupeaulx se promit d'y dîner quelquefois. Grâce au jeu décent et convenable de la charmante femme que quelques rivales surnommaient déjà *la Célimène de la rue Duphot*, il y dînait tous les vendredis depuis un mois, et revenait de son propre mouvement prendre une tasse de thé le mercredi. Depuis quelques jours, après de savantes et fines perquisitions, madame Rabourdin croyait avoir trouvé dans cette planche la place d'y mettre une fois le pied. Elle ne doutait plus du succès. Sa joie intérieure ne peut être comprise que dans ces ménages d'employés où l'on a, trois ou quatre ans durant, calculé le bien-être résultant d'une nomination espérée, caressée, choyée. Combien de souffrances apaisées! combien de vœux élancés vers les divinités ministérielles! combien de visites intéressées! Enfin, grace à sa hardiesse, madame Rabourdin entendait tinter l'heure où elle allait avoir vingt mille francs par an au lieu de douze mille.

— Et je me serai bien conduite, se disait-elle. J'ai fait un peu de dépense ; mais nous ne sommes pas dans une époque où l'on va chercher les mérites qui se cachent ; tandis qu'en se mettant en vue, en restant dans le monde, en cultivant ses relations, en s'en faisant de nouvelles, un homme arrive. Après tout, les ministres et leurs amis ne s'intéressent qu'aux gens qu'ils voient, et Rabourdin ne se doute pas du monde ! Si je n'avais pas entortillé ces trois députés, ils auraient peut-être voulu la place de La Billardière ; tandis que, reçus chez moi, la vergogne les prend, ils deviennent nos appuis au lieu d'être nos rivaux. J'ai fait un peu la coquette, mais je suis heureuse que les premières niaiseries avec lesquelles on amuse les hommes aient suffi...

Le jour où commença réellement une lutte inattendue à propos de cette place, après le dîner ministériel qui précédait une de ces soirées que les ministres considéraient comme publiques, des Lupeaulx se trouvait à la cheminée auprès de la femme du ministre. En prenant sa tasse de café, il lui arriva de comprendre encore une fois madame Rabourdin parmi les sept ou huit femmes véritablement supérieures de Paris. A plusieurs reprises, il avait mis au jeu madame Rabourdin comme le caporal Trim y mettait son bonnet.

— Ne le dites pas trop, cher ami, vous lui

feriez du tort, lui dit la femme du ministre en riant à demi.

Aucune femme n'aime à entendre faire devant elle l'éloge d'une autre femme ; toutes se réservent en ce cas la parole, afin de vinaigrer la louange.

— Ce pauvre La Billardière est en train de mourir, reprit son Excellence, sa succession administrative revient à Rabourdin qui est un de nos plus habiles employés, et envers qui nos prédécesseurs ne se sont pas bien conduits, quoique l'un d'eux ait dû sa préfecture de police sous l'empire à certain personnage payé pour s'intéresser à Rabourdin. Franchement, cher ami, vous êtes encore assez jeune pour être aimé pour vous-même.....

— Si la place de La Billardière est acquise à Rabourdin, je puis être cru quand je vante la supériorité de sa femme, répliqua des Lupeaulx en sentant l'ironie du ministre ; mais si madame la comtesse veut en juger par elle-même.....

— Je l'inviterai à mon premier bal, n'est-ce pas ? Votre femme supérieure arriverait quand j'aurais de ces dames qui viennent ici pour se moquer de nous, et qui entendraient annoncer *madame Rabourdin*.

— Mais n'annonce-t-on pas madame Delabarre chez le ministre de l'intérieur ?

— Il y a presque un *de*, dit vivement le nouveau comte en lançant un coup d'œil foudroyant à son secrétaire général, car ni lui ni sa femme n'étaient nobles.

Beaucoup de personnes crurent qu'il s'agissait d'affaires importantes, les solliciteurs demeurèrent au fond du salon. Des Lupeaulx sortit, et la comtesse nouvelle dit à son mari : — Je crois des Lupeaulx amoureux ?

— Ce serait donc la première fois de sa vie, répondit-il en haussant les épaules comme pour dire à sa femme que des Lupeaulx ne s'occupait point de bagatelles sans solidité.

Le ministre vit entrer un député du centre

droit et laissa sa femme pour aller caresser une voix indécise. Mais, sous le coup d'un désastre imprévu qui l'accablait, ce député voulait s'assurer une protection et venait annoncer en secret qu'il serait sous peu de jours obligé de donner sa démission. Ainsi prévenu, le ministère pouvait faire jouer ses batteries avant l'opposition.

Le ministre, c'est-à-dire des Lupeaulx, avait invité à dîner un personnage inamovible dans tous les ministères, assez embarrassé de sa personne, et qui, dans son désir de prendre une contenance digne, restait planté sur ses deux jambes réunies à la façon d'une gaine égyptienne. Ce fonctionnaire attendait près de la cheminée le moment de remercier le secrétaire-général, dont la retraite brusque et imprévue le surprit au moment où il allait phraser un compliment. C'était purement et simplement le caissier du ministère, le seul employé qui ne tremblait jamais lors d'un changement. Dans ce temps, la chambre ne tripotait pas mesquinement le budget comme dans le temps déplorable où nous vivons, elle ne réduisait pas ignoblement les émolumens ministériels, elle ne faisait pas ce qu'en style de cuisine on nomme des économies de bouts de chandelles, elle accordait à chaque ministre qui prenait les affaires une indemnité dite de *déplacement;* car il en coûte autant pour entrer au ministère que pour en sortir, et l'arrivée entraîne des frais de toute nature qu'il est peu convenable d'inventorier. Cette indemnité consistait en vingt-cinq jolis petits mille francs. L'ordonnance apparaissait-elle au *Moniteur*, pendant que grands et petits, attroupés autour des poêles ou devant les cheminées, secoués par l'orage dans leurs places, se disaient : « Que va faire celui-là ? va-t-il augmenter le nombre des employés, va-t-il en renvoyer deux pour en faire rentrer trois ? » le paisible caissier prenait vingt-cinq beaux billets de banque, les attachait avec une épingle, gravait sur sa figure de suisse de cathédrale une expression joyeuse ; il enfilait l'escalier des appartemens et se faisait introduire chez monseigneur à son leve par les gens qui tous confondent, en un seul et même pouvoir, l'argent et le gardien de l'argent, le contenant et le contenu, l'idée et la forme. Le caissier saisissait le couple ministériel à l'aurore du ravissement pendant laquelle un homme d'État est benin et bon prince. Au — *Que voulez-vous ?* du ministre, il répondait par l'exhibition des chiffons, en disant qu'il s'empressait d'apporter à Son Excellence l'indemnité d'usage ; il en expliquait les motifs à madame étonnée, mais heureuse, et qui ne manquait jamais de prélever quelque chose, souvent le tout, car un déplacement est une affaire de ménage. Le caissier tournait son compliment, et glissait à monseigneur quelques phrases : — Si Son Excellence daignait lui conserver sa place, si elle était contente d'un service purement mécanique, si, etc. Comme un homme qui apporte vingt-cinq mille francs est toujours un digne employé, le caissier ne sortait pas sans entendre sa confirmation au poste d'où il voyait passer, repasser et trépasser les ministres depuis vingt-cinq ans. Puis il se mettait aux ordres de madame, il apportait les treize mille francs du mois en temps utile, il les avançait ou les retardait à commandement, et se ménageait ainsi, suivant une vieille expression monastique, une voix dans le chapitre.

Ancien teneur de livres au Trésor quand le Trésor avait des livres tenus en parties doubles, M. Saillard fut indemnisé par sa place actuelle quand on y renonça. C'était un gros et gras bonhomme très-fort sur la tenue des livres et très-faible en toute autre chose, rond comme un zéro, simple comme bonjour, qui venait à pas comptés comme un éléphant et s'en allait de même, à la Place-Royale où il demeurait dans le rez-de-chaussée d'un vieil hôtel à lui. Il avait pour compagnon de route monsieur Isidore

Baudoyer, chef de bureau dans la division de M. La Billardière et partant collègue de Rabourdin, lequel avait épousé sa fille Elisabeth, et avait naturellement pris un appartement au dessus du sien. Personne ne doutait au ministère que le père Saillard ne fût une bête, mais personne n'avait jamais pu savoir jusqu'où allait sa bêtise ; elle était trop compacte pour être interrogée, elle ne sonnait pas le creux, elle absorbait tout sans rien rendre. Bixiou (un employé dont il sera bientôt question) avait fait sa charge en mettant une tête à perruque sur le haut d'un œuf et deux petites jambes dessous, avec cette inscription : *Né pour payer et recevoir sans jamais commettre d'erreurs. Un peu moins de bonheur, il eût été garçon de la banque de France ; un peu plus d'ambition, il était remercié.* En ce moment, le ministre regardait son caissier comme on regarde une patère ou la corniche, sans imaginer que ces deux ornemens puissent entendre le discours, ni comprendre une pensée secrète.

— Je tiens d'autant plus à ce que nous arrangions tout avec le préfet dans le plus profond mystère, que des Lupeaulx a des prétentions ; sa bicoque est dans votre arrondissement et nous ne voulons pas de lui.

— Il n'a ni le cens, ni l'âge, dit le député.

— Oui, mais vous savez ce qui a été décidé pour Casimir Périer, relativement à l'âge. Quant à la possession annale, nous sommes à la fin de décembre, l'élection se ferait en janvier, les commissions ont la manche large pour les députés du centre, et nous ne pourrions pas nous opposer ostensiblement à la bonne volonté que l'on aurait pour notre cher des Lupeaulx.

— Mais où prendrait-il l'argent d'une propriété ?

— Et comment Manuel a-t-il été possesseur d'une maison à Paris ?

La patère écoutait bien à son corps défendant, et ces vives interlocutions quoique mur-

murées aboutissaient à l'oreille de Saillard par des caprices d'acoustiques encore mal observés. Savez-vous quel sentiment s'empara du bonhomme en entendant ces confidences politiques? l'embarras le plus cuisant. Il était de ces gens naïfs qui se désespèrent de paraître écouter ce qu'ils ne doivent pas entendre, d'entrer là où ils ne sont pas appelés, de paraître hardis quand ils sont timides, curieux quand ils sont discrets. Le caissier se glissa sur le tapis de manière à se reculer, en sorte que le ministre le trouva fort loin, quand il l'aperçut. Saillard était un séide ministériel incapable de la moindre indiscrétion ; si le ministre l'avait cru dans son secret, il n'aurait eu qu'à lui dire : *motus!* Le caissier profita de l'affluence des courtisans, regagna un fiacre de son quartier, pris à l'heure lors de ces coûteuses invitations, et revint à la Place-Royale.

CHAPITRE III.

LES TARETS.

A l'heure où le père Saillard voyageait dans Paris, son gendre et sa chère Élisabeth étaient nécessairement avec M. l'abbé Gaudron, leur directeur, occupés à faire un vertueux boston en compagnie de quelques voisins, et avec un certain Martin Falleix, fondeur en cuivre au faubourg Saint-Antoine, à qui Saillard avait prêté les fonds nécessaires pour créer un bénéficieux établissement. Ce Falleix était un honnête Auvergnat, venu le chaudron sur le dos, qui plus tard avait servi rue de Lappe un fabricant de marabouts, grand dépéceur de châteaux. Vers vingt-sept ans, altéré de bien-être tout comme un autre, Martin Falleix eut le bonheur d'être commandité par M. Saillard pour l'exploitation d'une découverte en fonderie. (Brevet d'invention et médaille d'or à l'exposition de 1825). Madame Baudoyer, dont la fille unique marchait, suivant un mot du père Saillard, sur la queue de ses douze ans, avait jeté son dévolu sur Falleix, garçon trapu, noiraud, actif, de probité dégourdie, dont elle faisait l'éducation. Suivant ses idées, cette éducation consistait à lui apprendre à jouer au boston, à bien tenir ses cartes, à ne pas laisser voir dans son jeu, à venir chez eux rasé, les mains savonnées au gros savon ordinaire, à ne pas jurer, à parler leur français, à porter des bottes au lieu de souliers, des chemises en calicot au lieu de chemises en toile à sacs, à relever ses cheveux au lieu de les tenir plats. Depuis huit jours, Élisabeth l'avait décidé à ôter de ses oreilles deux énormes anneaux plats, qui ressemblaient à des cerceaux.

— Vous allez trop loin, madame Baudoyer, lui dit-il en la voyant heureuse de ce sacrifice, vous prenez sur moi trop d'empire : vous me faites nettoyer les dents, ce qui les ébranle ; vous me ferez bientôt brosser mes ongles et friser mes cheveux, ce qui ne va pas dans notre commerce, on n'y aime pas les muscadins.

Élisabeth Baudoyer, *née Saillard*, est une de ces figures qui se dérobent au pinceau par leur vulgarité même, et qui néanmoins doivent être esquissées, car elles offrent une expression de cette petite bourgeoisie parisienne, placée au-dessus des riches artisans et au-dessous de la haute classe, dont les qualités sont presque des vices, dont les défauts n'ont rien d'aimable, mais dont les mœurs, quoique plates, ne manquent pas d'originalité. Élisabeth avait en elle quelque chose de chétif qui faisait mal à voir. Sa taille dépassait à peine quatre pieds, sa ceinture ne comportait pas même une demi-aune, ses traits fins, ramassés vers le nez, donnaient à sa figure une vague ressemblance avec le museau d'une belette. A trente ans passés, elle semblait n'en avoir que seize ou dix-sept. Ses yeux d'un bleu de faïence, opprimés par de grosses paupières unies à l'arcade des sourcils, jetaient peu d'éclat; elle avait des cheveux d'un blond qui tirait sur le blanc, son front plat était éclairé par des plans où le jour semblait s'arrêter; son teint avait des tons gris presque plombés; le bas de son visage plus triangulaire qu'ovale terminait irrégulièrement des contours assez généralement tourmentés; sa voix avait des intonations aigres-douces. C'était bien la petite bourgeoise conseillant son mari le soir sur l'oreiller, n'ayant pas le moindre mérite dans ses vertus ; ambitieuse sans arrière-pensée, par le seul développement de l'égoïsme domestique ; à la campagne elle aurait voulu arrondir ses propriétés, dans l'administration elle voulait avancer. Dire la vie de son père et de sa mère, dira toute la femme en peignant l'enfance de la jeune fille.

M. Saillard avait épousé la fille d'un marchand de meubles, établi sous les piliers des Halles. L'exiguité de leur fortune avait primitivement obligé M. et madame Saillard à de constantes privations. Après trente-trois ans de mariage et vingt-neuf ans de travail dans les bureaux, la fortune des Saillard (leur société les nommait ainsi) consistait en soixante mille francs confiés à Falleix, l'hôtel de la Place-Royale acheté quarante mille francs en 1804, et trente-six mille francs de dot donnés à leur fille. Dans ce capital, la succession de la veuve Bidault, mère de madame Saillard, représentait une somme de cinquante mille francs environ. Les appointemens de M. Saillard avaient toujours été de quatre mille cinq cents francs, car sa place était un vrai cul-de-sac administratif qui pendant long-temps ne tenta personne. Ces quatre-vingt-dix mille francs, amassés sou à sou, provenaient donc d'économies sordides et fort inintelligemment employées. En effet les Saillard ne connaissaient pas d'autre manière de placer leur argent que de le porter, par sommes de dix mille francs, chez M. Laisné, le notaire du quartier Saint-Antoine, et de le prêter à cinq pour cent par première hypothèque avec subrogation dans les droits de la femme, quand l'emprunteur était marié! Madame Saillard obtint en 1804 un bureau de papier timbré dont le détail détermina l'entrée d'une servante au logis. En ce moment l'hôtel, qui valait plus de cent mille francs, en rapportait huit mille; Falleix donnait six pour cent de ses soixante mille francs, outre un partage égal des bénéfices; ainsi les Saillard avaient au moins dix-sept mille livres de rentes. Toute l'ambition du bonhomme était d'avoir la croix en prenant sa retraite.

La jeunesse d'Élisabeth fut un travail constant dans une famille dont les mœurs étaient aussi pénibles et les idées aussi simples : on y délibérait sur l'acquisition d'un chapeau pour M. Saillard, on comptait combien d'années avait duré un habit, les parapluies étaient accrochés par en haut au moyen d'une boucle en cuivre. Depuis 1804 il ne s'était pas fait une réparation à la maison, les Saillard gardaient leur rez-de-chaussée dans l'état où le précédent propriétaire le leur avait livré; les trumeaux étaient dédorés, les peintures des dessus de portes se voyaient à peine sous la couche de poussière qu'y avait mise le temps; ils conservaient dans ces grandes et belles pièces à cheminées en marbre sculpté, à plafonds dignes de ceux de Versailles, les meubles trouvés chez la veuve Bidault : des fauteuils en bois de noyer disjoints et couverts en tapisseries, des commodes en bois de rose, des guéridons à galerie en cuivre et à marbres blancs fendus, un superbe secrétaire de Boulle auquel la mode n'avait pas encore rendu sa valeur, enfin le tohu-bohu des bonnes occasions saisies par la marchande des piliers des Halles : tableaux achetés à cause de la beauté des cadres, vaisselle d'ordre composite, c'est-à-dire un dessert en magnifiques assiettes du Japon, et le reste en porcelaine de toutes les paroisses; argenterie dépareillée, vieux cristaux, beau linge damassé, lit en tombeau garni de perse et à plumes.

Au milieu de toutes ces reliques, madame Saillard habitait une bergère d'acajou moderne, les pieds sur une chaufferette brûlée à chaque trou, près d'une cheminée pleine de cendres et sans feu, sur laquelle se voyaient un cartel, des bronzes antiques, des candélabres à fleurs, mais sans bougies, car elle s'éclairait avec un martinet en cuivre d'où s'élevait une haute chandelle cannelée par différens coulages. Madame Saillard avait un visage où, malgré ses rides, se peignaient l'entêtement et la sévérité, l'étroitesse de ses idées, une probité quadrangulaire, une religion sans pitié, une avarice naïve et la paix d'une conscience nette. Dans certains tableaux flamands, vous voyez des femmes de bourgmestres ainsi composées par la nature et bien reproduites par le pinceau ; mais elles ont de belles robes en velours ou d'étoffes précieuses, tandis que madame Saillard n'avait pas de robes, mais ce vêtement antique nommé, dans la Touraine et dans la Picardie, des cottes, ou plus généralement en France, des cotillons, espèces de jupes plissées derrière et sur les côtés, mises les unes sur les autres. Son corsage était serré dans un casaquin, autre mode d'un autre âge ! Elle conservait le bonnet à papillon et les souliers à talons hauts.

Quoiqu'elle eût cinquante-sept ans et que ses travaux obstinés au sein du ménage lui permissent bien de se reposer, elle tricotait les bas de son mari, les siens et ceux d'un oncle, comme tricotent les femmes de la campagne, en marchant, en parlant, en se promenant dans le jardin, en allant voir ce qui se passait à sa cuisine.

D'abord infligée par la nécessité, l'avarice des Saillard était devenue une habitude. Au retour du bureau, le caissier mettait habit bas, il faisait lui-même le beau jardin fermé sur la cour par une grille, et qu'il s'était réservé. Pendant long-temps, Elisabeth était allée le matin au marché avec sa mère, et toutes deux suffisaient aux soins du ménage. La mère cuisait admirablement un canard aux navets ; mais, selon le père Saillard, Elisabeth n'avait pas sa pareille pour savoir accommoder aux oignons les restes d'un gigot. « C'était à manger son oncle sans s'en apercevoir. » Aussitôt qu'Elisabeth avait su tenir une aiguille, sa mère lui avait fait raccommoder le linge de la maison et les habits de son père. Sans cesse occupée comme une servante, elle ne sortait jamais seule. Quoique demeurant à deux pas du boulevard du Temple, où se trouvait Franconi, la Gaîté, l'Ambigu-Comique, et plus loin la Porte Saint-Martin, Elisabeth n'avait été jamais à la *comédie*. Quand elle eut la fantaisie de *voir ce que c'était*, avec la permission de M. Gaudron, bien entendu, M. Baudoyer la mena, par magnificence et afin de lui montrer le plus beau de tous les spectacles, à l'Opéra, où se donnait alors *le Laboureur chinois*. Elisabeth trouva *la comédie* ennuyeuse comme les mouches et n'y voulut plus retourner. Le dimanche, après avoir cheminé quatre fois de la Place-Royale à l'église Saint-Paul, car sa mère lui faisait pratiquer strictement les préceptes et les devoirs de la religion, son père et sa mère la conduisaient devant le café Turc, où ils s'asseyaient sur des chaises placées alors entre une barrière et le mur. Les Saillard se dépêchaient d'arriver les premiers afin d'être au bon endroit, et se divertissaient à voir passer le monde. A cette époque, le Jardin Turc était le rendez-vous des élégans et élégantes du Marais, du faubourg Saint-Antoine et lieux circonvoisins. Elisabeth n'avait jamais porté que des robes d'indienne en été, de mérinos en hiver, et les faisait elle-même ; car sa mère ne lui donnait que vingt francs par mois pour son entretien ; mais son père, qui l'aimait beaucoup, tempérait cette rigueur par quelques présens. Elle n'avait jamais lu ce que M. l'abbé Gaudron, vicaire de Saint-Paul et le conseil de la maison, appelait des livres profanes. Ce régime avait porté ses fruits. Obligée d'employer ses sentimens à une passion quelconque, Elisabeth devint âpre au gain. Elle ne manquait ni de sens ni de perspicacité ; mais les idées religieuses et son ignorance ayant enveloppé ses qualités dans un cercle d'airain, elles ne s'exercèrent que sur les choses les plus vulgaires de la vie; puis disséminées sur peu de points, elles se portaient tout entières dans l'affaire en train. Réprimé par la dévotion, son esprit naturel dut se déployer entre les limites posées par les cas de conscience qui sont un magasin de subtilités où l'intérêt choisit ses échappatoires. Semblable à ces saints personnages chez qui la religion n'a pas étouffé l'ambition, elle était capable de demander au prochain des actions blâmables pour en recueillir tout le fruit; dans l'occasion, elle eût été, comme eux, implacable pour son dû, sournoise dans les moyens; offensée, elle eût observé ses adversaires avec la perfide patience des chats, et se serait ménagé une froide et complète vengeance mise sur le compte du bon Dieu.

Jusqu'au mariage d'Elisabeth, les Saillard vécurent sans autre société que celle de l'abbé Gaudron, prêtre auvergnat, nommé vicaire de

Saint-Paul lors de la restauration du culte catholique. A cet ecclésiastique, ami de défunte madame Bidault, se joignait l'oncle paternel de madame Saillard, vieux marchand de papier retiré depuis l'an II de la république, alors âgé de soixante-dix-neuf ans et qui venait les voir le dimanche seulement, parce qu'on ne faisait pas d'affaires ce jour-là.

Ce petit vieillard à figure d'un teint verdâtre, prise presque toute entière par un nez rouge comme celui d'un buveur et percée de deux yeux de vautour, laissait flotter ses cheveux gris sous un tricorne, portait des culottes dont les oreilles dépassaient démesurément les boucles, des bas de coton chinés, tricotés par sa nièce, qu'il appelait toujours *la petite Saillard*; de gros souliers à boucles d'argent et une redingote multicolore. Il ressemblait beaucoup à ces petits sacristains-bedeaux-sonneurs-suisses-fossoyeurs-chantres de village, que l'on prend pour des fantaisies de caricaturistes jusqu'à ce qu'on les ait vus en personne. En ce moment, il arrivait encore à pied pour dîner et s'en retournait de même rue Grenétat, où il demeurait à un troisième étage. Son métier consistait à escompter les valeurs du commerce dans le quartier Saint-Martin, où il était connu sous le sobriquet de Gigonnet, à cause du mouvement fébrile et convulsif par lequel il levait la jambe. M. Bidault avait commencé l'escompte dès l'an II, avec un Hollandais, le sieur Werbrust, ami d'un Belge nommé Gobseck.

Plus tard, dans le banc de la fabrique de Saint-Paul, M. Saillard fit la connaissance de M. et madame Transon, gros négocians en poteries établis rue de Lesdiguières, qui s'intéressèrent à Elisabeth; et, dans l'intention de la marier, ils produisirent le jeune Isidore Baudoyer chez les Saillard. La liaison de M. et madame Baudoyer avec les Saillard se resserra par l'approbation de Gigonnet, qui, pendant long-temps, avait employé dans ses affaires un sieur Mitral, huissier, frère de madame Baudoyer, lequel vivait alors à la campagne, retiré dans une jolie maison à l'Ile-Adam. M. et madame Baudoyer, père et mère d'Isidore, étaient des mégissiers de la rue Censier qui avaient lentement fait une fortune médiocre dans un commerce routinier. Après avoir marié leur fils unique, auquel ils donnèrent cinquante mille francs, ils allèrent vivre avec M. Mitral à l'Ile-Adam.

Tous trois venaient fréquemment à Paris, car ils avaient conservé un pied à terre en commun, dans la maison de la rue Censier qui appartenait à Isidore. Les Baudoyer avaient encore mille écus de rente, après avoir doté leur fils. M. Mitral, homme à perruque sinistre, à visage de la couleur de la Seine et où brillaient deux yeux tabac d'Espagne, froid comme une corde à puits, et sentant la souris, gardait le secret sur sa fortune ; mais il devait opérer dans la campagne, comme Werbrust et Gigonnet opéraient dans le quartier Saint-Martin.

Si le cercle de cette famille s'étendit, ni ses idées ni ses mœurs ne changèrent. On fêtait les saints du père, de la mère, du gendre, de la fille et de la petite-fille, l'anniversaire des naissances et des mariages, Pâques, Noël, le premier jour de l'an et les Rois. Ces fêtes occasionnaient de grands balayages et un nettoiement universel au logis, ce qui ajoutait l'utilité aux douceurs de ces cérémonies domestiques. Puis, s'offraient en grande pompe et avec accompagnement de bouquets, des cadeaux utiles : une paire de bas de soie ou un bonnet à poil pour M. Saillard, des boucles d'or, un plat d'argent pour Elisabeth ou pour son mari à qui l'on faisait peu à peu un service de vaisselle plate, des cottes en soie à madame Saillard qui les gardait en pièces. A propos du présent, on asseyait le gratifié dans un fauteuil en lui disant pendant un certain temps : — Devine ce que nous t'allons donner! Enfin s'entamait un dîner splendide, de cinq heures de durée, auquel étaient conviés M. Gaudron, M. Falleix, M. Rabourdin, M. Godard, sous-chef de M. Baudoyer, M. Bataille, capitaine de la compagnie à laquelle appartenaient le gendre et le beau-père. M. Laisné, né prié, faisait comme M. Rabourdin, il acceptait une invitation sur six. On chantait au dessert, l'on s'embrassait avec enthousiasme en se souhaitant tous les bonheurs possibles, et l'on exposait les cadeaux, en demandant leur avis à tous les invités. Le jour du bonnet à poil, Saillard l'avait gardé sur la tête pendant le dessert, à la satisfaction générale. Le soir, les simples connaissances venaient, et il y avait bal. On dansait long-temps au son d'un unique violon; mais depuis six ans M. Godard, grand joueur de flûte, contribuait à la fête par l'addition d'un perçant flageolet. La cuisinière et la bonne de madame Baudoyer, la vieille Catherine, servante de madame Saillard, le portier ou sa femme faisaient galerie à la porte du salon. Les domestiques recevaient un écu de trois livres pour s'acheter du vin et du café. Cette société considérait Baudoyer et Saillard comme des hommes transcendans : ils étaient employés par le gouvernement, ils avaient percé par leur mérite, ils travaillaient, disait-on, avec le ministre, ils devaient leur fortune à leurs talens, ils étaient des hommes politiques. M. Baudoyer passait pour le plus capable. Sa place de chef de bureau supposait des travaux beaucoup plus compliqués, plus ardus que ceux de la tenue d'une caisse ; puis, quoique fils d'un mégissier de la rue Censier, il avait eu le génie de faire des études, l'audace de renoncer à l'établissement de son père pour aborder les bureaux, où il était parvenu à un poste éminent. Enfin, peu communicatif, on le regardait comme un profond penseur, et peut-être, disaient les Transon, deviendra-t-il quelque jour le député du huitième arrondissement. En entendant ces propos, il arrivait souvent à Gigonnet de pincer ses lèvres, déjà si pincées, et de jeter un coup d'œil à sa petite nièce Elisabeth.

Au physique, Isidore était un homme âgé de trente-sept ans, grand et gros, qui transpirait facilement, et dont la tête ressemblait à celle d'un hydrocéphale. Cette tête énorme, couverte de cheveux châtains et coupés ras, se rattachait au col par un rouleau de chair qui doublait le collet de son habit. Il avait des bras d'Hercule, des mains dignes de Domitien, un ventre que sa sobriété contenait au majestueux, selon le mot de Brillat-Savarin. Sa figure tenait beaucoup de celle de l'empereur Alexandre : le type tartare se retrouvait dans ses petits yeux, dans son nez aplati, relevé du bout, dans sa bouche à lèvres froides et dans son menton court ; le front était bas et étroit. Quoique d'un tempérament lymphatique, le dévot Isidore s'adonnait à une excessive passion conjugale que le temps n'altérait point. Malgré sa ressemblance avec le bel empereur de Russie et le terrible Domitien, Isidore était tout simplement un bureaucrate, peu capable comme chef de bureau, mais routinièrement formé au travail et qui cachait une nullité flasque sous une enveloppe si épaisse qu'aucun scalpel ne pouvait la mettre à nu. Ses fortes études pendant lesquelles il déploya la patience et la sagesse d'un bœuf, sa tête carrée avaient trompé ses parens qui le crurent un homme extraordinaire. Méticuleux et pédant, diseur et tracassier, l'effroi de ses employés auxquels il faisait de continuelles observations, il exigeait les points et les virgules, accomplissait avec rigueur les réglemens, et se montrait si terriblement exact que nul à son bureau ne manquait à s'y trouver avant lui. Baudoyer portait un habit bleu barbeau à boutons jaunes, un gilet chamois, un pantalon gris et une cravate de couleur; il avait de larges pieds mal chaussés. La chaîne de sa montre était ornée d'un énorme paquet de vieilles breloques parmi lesquelles il conservait en 1824 les graines d'Amérique à la mode en l'an VII.

Au sein de cette famille qui se maintenait par la force des liens religieux, par la rigueur de ses mœurs, par une pensée unique, celle de l'avarice qui devient alors comme une boussole, Élisabeth était forcée de se parler à elle-même au lieu de communiquer ses idées, car elle se sentait sans pairs qui la comprissent. Quoique les faits l'eussent contrainte à juger son mari, la dévote soutenait de son mieux l'opinion favorable à M. Baudoyer, elle lui témoignait un profond respect, honorant en lui le père de sa fille, son mari, le pouvoir temporel, disait le vicaire de Saint-Paul. Aussi aurait-elle regardé comme un péché mortel de faire un seul geste, de lancer un seul coup d'œil, de dire une seule parole qui eût pu révéler à un étranger sa véritable opinion sur l'imbécile M. Baudoyer ; elle professait même une obéissance passive pour toutes ses volontés. Tous les bruits de la vie arrivaient à son oreille, elle les recueillait, les comparait pour elle seule, et jugeait si sainement des choses et des hommes, qu'au moment où cette histoire commence elle était l'oracle secret des deux fonctionnaires, insensiblement arrivés tous deux à ne rien faire sans la consulter. Le père Saillard disait naïvement : « Est-elle fûtée, st'Élisabeth ; » mais Baudoyer, trop sot pour ne pas être gonflé par la fausse réputation dont il jouissait dans le quartier Saint-Antoine, niait l'esprit de sa femme, tout en le mettant à profit. Élisabeth avait deviné que son oncle Bidault dit Gigonnet devait être riche et maniait des sommes énormes. Éclairée par l'intérêt, elle connaissait M. des Lupeaulx mieux que ne le connaissait le ministre. En se trouvant mariée à un imbécile, elle pensait bien que la vie aurait pu aller autrement pour elle, mais elle soupçonnait le mieux sans vouloir le connaître. Toutes ses affections douces trouvaient un aliment dans son amour pour sa fille, à qui elle évitait les peines qu'elle avait supportées dans son enfance, et elle se croyait ainsi quitte envers le monde des sentimens. Pour sa fille seule, elle avait décidé son père à l'acte exorbitant de son association avec Falleix. Falleix avait été présenté chez les Saillard par le vieux Bidault, qui lui prêtait de l'argent sur des marchandises. Falleix trouvait *son vieux pays* trop cher, et s'était plaint avec candeur devant les Saillard de ce que Gigonnet prenait dix-huit pour cent à un Auvergnat. La vieille madame Saillard avait osé blâmer son oncle. Falleix, âgé de vingt-huit ans, ayant fait une découverte et la communiquant à M. Saillard, paraissait avoir le cœur sur la main, expression du vocabulaire Saillard, et semblait promis à une grande fortune. Élisabeth conçut aussitôt de le *mitonner* pour sa fille, et de former elle-même son gendre, calculant ainsi à sept ans de distance. Martin Falleix rendit d'incroyables respects à madame Baudoyer, à laquelle il reconnut un esprit supérieur. Eût-il plus tard des millions, il devait toujours appartenir à cette maison où il trouvait une famille. La petite Baudoyer était déjà stylée à lui apporter gentiment à boire et à placer son chapeau.

Au moment où M. Saillard rentra du ministère, le boston allait son train. Élisabeth conseillait Falleix. Madame Saillard tricotait au coin du feu en regardant le jeu du vicaire de Saint-Paul. M. Baudoyer, immobile comme un terme, employait son intelligence à calculer où étaient les cartes et faisait face à Mitral, venu de l'Ile-Adam pour les fêtes de Noël. Personne ne se dérangea pour le caissier, qui se promena pendant quelques instans dans le salon, en montrant sa grosse face crispée par une méditation insolite.

— Il est toujours comme ça quand il dîne chez le ministre, ce qui n'arrive heureusement que deux fois par an, dit madame Saillard, car ils me l'extermineraient ; il n'était point fait pour être dans le gouvernement. — Ah ça, j'espère Saillard, lui dit-elle à haute voix, que tu ne vas pas garder ici ta culotte de soie et ton habit de drap d'Elbeuf : va donc quitter tout cela, ne l'use pas ici pour rien, ma mère.

— Ton père a quelque chose, dit Baudoyer à sa femme quand le caissier fut dans sa chambre à se déshabiller sans feu.

— Peut-être M. de La Billardière est-il mort, dit simplement Élisabeth, et comme il désire que tu le remplaces, ça le tracasse.

— Si je puis vous être utile à quelque chose, dit en s'inclinant le vicaire de Saint-Paul, usez de moi, j'ai l'honneur d'être connu de madame la Dauphine. Nous sommes dans un temps où il faut donner les emplois à des gens dévoués et dont les principes religieux soient inébranlables.

Tiens, dit Falleix, faut donc des protections

aux gens de mérite pour arriver dans vos états. J'ai bien fait de me faire fondeur, la pratique sait dénicher les choses bien fabriquées...

— Monsieur, répondit Baudoyer, le gouvernement est le gouvernement. Ne l'attaquez jamais ici.

— En effet, dit le vicaire, vous parlez là comme le *Constitutionnel*.

— Le *Constitutionnel* ne dit pas autre chose, reprit Baudoyer qui ne le lisait jamais.

Le caissier croyait son gendre aussi supérieur en talens à Rabourdin qu'il croyait Dieu au-dessus de saint Crépin, disait-il; mais le bon homme souhaitait cet avancement avec naïveté. Mu par le sentiment qui porte tous les employés à monter en grade, passion violente, irréfléchie, brutale, il voulait le succès, comme il voulait la croix de la Légion-d'Honneur, sans rien faire contre sa conscience, et par la seule force du mérite. Selon lui, un homme qui avait eu la patience d'être assis pendant vingt-cinq ans dans un bureau, derrière un grillage, s'était tué pour la patrie et avait bien mérité la croix. Pour servir son gendre, il n'avait pas inventé autre chose que de glisser une phrase à la femme de son Excellence, en lui apportant le traitement du mois.

— Hé bien, Saillard, tu as l'air d'avoir perdu tous tes parens? Parle-nous donc, mon fils. Dis-nous donc quelque chose, lui cria sa femme quand il rentra.

Saillard tourna sur ses talons après avoir fait un signe à sa fille, pour se défendre de parler politique devant les étrangers. Quand M. Mitral et le vicaire furent partis, Saillard recula la table, se mit dans un fauteuil et se posa comme il se posait quand il avait un cancan de bureau à répéter, mouvemens semblables aux trois coups frappés sur le théâtre à la Comédie française. Après avoir recommandé le plus profond secret à sa femme, à son gendre et à sa fille, car, quelque mince que fût le cancan, leurs places dépendaient toujours de leur discrétion, il leur raconta cette singulière et incompréhensible énigme de la démission d'un député, de l'envie bien légitime du secrétaire-général d'être nommé à sa place, de la secrète opposition du ministère au vœu d'un de ses plus fermes soutiens, d'un de ses zélés serviteurs; puis l'affaire de l'âge et du cens. Ce fut une avalanche de suppositions noyée dans les raisonnemens des deux employés qui se renvoyèrent l'un à l'autre des tartines de bêtises. Elisabeth fit trois questions.

—Si M. des Lupeaulx est pour nous, M. Baudoyer sera-t-il sûrement nommé?

— *Quien, parbleu!* s'écria le caissier.

— En 1814, mon oncle Bidault et M. Gobseck son ami l'ont obligé, pensa-t-elle. Il a des dettes!

—Oui, fit le caissier en appuyant par un sifflement piteux et prolongé sur la dernière voyelle. Il y a eu des oppositions sur le traitement, mais elles ont été levées par ordre supérieur, un mandat à vue.

—Où est sa terre des Lupeaulx ?

—*Quien, parbleu!* dans le pays de ton grand-père et de ton grand oncle Bidault, de Falleix, pas loin de l'arrondissement du député qui descend la garde...

Quand son colosse de mari fut couché, Elisabeth se pencha sur lui, et quoiqu'il eût taxé ses questions de *lubies* : — Mon ami, dit-elle, peut-être auras-tu la place de M. La Billardière.

— Te voilà encore avec tes imaginations, dit Baudoyer. Laisse donc M. Gaudron parler à la Dauphine, et ne te mêle pas des bureaux.

A onze heures, au moment où tout était calme à la place Royale, M. des Lupeaulx quittait l'Opéra pour venir rue Duphot. Ce mercredi était brillant chez madame Rabourdin, plusieurs de ses habitués revinrent du théâtre et augmentèrent les groupes formés dans ses salons et où se remarquaient plusieurs célébrités nouvelles : le jeune peintre Schinner, le docteur Bianchon, Lucien de Rubempré, Octave de Camps, le comte de Granville, le vicomte de Fontaine, Dubruel le vaudevilliste, Andoche Finot le journaliste, Derville, une des plus fortes têtes du palais, le baron du Châtelet, député, des jeunes gens élégans comme Paul de Manerville et le jeune comte d'Esgrigny. Célestine servait le thé quand le secrétaire-général entra. Sa toilette lui allait bien ce soir-là. Elle avait une robe de velours noir sans ornement, une écharpe de gaze noire, les cheveux bien lissés, relevés par une natte ronde, et de chaque côté les boucles tombant à l'anglaise. Ce qui distinguait cette femme, était le laissez-aller italien de l'artiste, une facile compréhension de toute chose, et la grâce avec laquelle elle souhaitait la bienvenue au moindre désir de ses amis. La nature lui avait donné une taille svelte pour se retourner lestement au premier mot d'interrogation, des yeux noirs fendus à l'orientale et inclinés comme ceux des Chinoises pour voir de côté ; elle savait ménager sa voix insinuante et douce de manière à répandre un charme caressant sur toute parole, même celle jetée au hasard ; elle avait de ces pieds que l'on ne voit que dans les portraits où les peintres mentent à leur aise en chaussant leur modèle, seule flatterie qui ne compromette pas l'anatomie. Son teint un peu jaune au jour comme est celui des brunes, jetait un vif éclat aux lumières, qui faisaient briller ses cheveux et ses yeux noirs ; enfin ses formes minces et découpées rappelaient à l'artiste celles de la Vénus du moyen-âge trouvée par Jean Goujon, l'illustre statuaire de Diane.

M. des Lupeaulx s'arrêta sur la porte en s'appuyant l'épaule au chambranle ; l'espion des idées ne se refusa pas au plaisir d'espionner un sentiment, car cette femme l'intéressait beaucoup plus qu'aucune de celles auxquelles il s'était attaché. Des Lupeaulx arrivait à l'âge où les hommes ont des prétentions excessives auprès des femmes. Les premiers cheveux blancs amènent les dernières passions, les plus violentes parce qu'elles sont à cheval sur une puissance qui finit et sur une faiblesse qui commence. Quarante ans est l'âge des folies, l'âge où l'homme veut être aimé pour lui, car alors son amour ne se soutient plus par lui-même, comme aux premiers jours de la vie où l'on peut être heureux en aimant à tort et à travers, à la façon de Chérubin; à quarante ans on veut tout, tant on craint de ne rien obtenir, tandis qu'à vingt-cinq ans on a tant de choses qu'on ne sait rien vouloir; à vingt-cinq ans on marche avec tant de forces qu'on les dissipe impunément; mais à quarante ans on prend l'abus pour la puissance. Les pensées qui saisirent en ce moment M. des Lupeaulx furent sans doute mélancoliques: ses nerfs se détendirent, le sourire agréable qui lui servait de physionomie et lui faisait comme un masque en crispant sa figure, se dissipa; l'homme vrai parut, il fut horrible. Rabourdin l'aperçut, et se dit: — Que lui est-il arrivé? Est-il en disgrâce? Puis il le surprit les yeux attachés sur sa femme, et il enregistra ce regard dans sa mémoire. Rabourdin était un observateur trop perspicace pour ne pas connaître des Lupeaulx à fond, il le méprisait profondément; mais, comme chez les hommes très-occupés, ses sentimens n'arrivaient pas à la surface; l'emportement que cause un travail aimé équivaut à la plus habile dissimulation; en sorte que pour des Lupeaulx les opinions de M. Rabourdin étaient lettres closes. Le chef de bureau l'avait vu avec peine chez lui, mais il n'avait pas voulu contrarier sa femme. En ce moment, il causait confidentiellement avec un surnuméraire qui devait jouer un rôle dans l'intrigue engendrée par la mort certaine de M. de La Billardière, il épia donc d'un regard fort distrait Célestine et des Lupeaulx.

Il n'y a que deux variétés de surnuméraires :

les surnuméraires riches et les surnuméraires pauvres. Placé près du directeur-général ou du chef de division qui l'initie aux secrets administratifs, le surnuméraire riche passe bientôt à quelque bel emploi. Vers cette époque, bien des familles se disaient : que ferons-nous de nos enfans? l'armée n'offrait point de chances de fortune ; toutes les carrières spéciales, le génie civil, la marine, les mines, le génie militaire, le professorat, étaient barricadés par des réglemens ou défendus par des concours ; tandis que le mouvement rotatoire qui métamorphosait les préfets, sous-préfets, directeurs des contributions, receveurs, etc., en bonshommes de lanterne magique, n'était soumis à aucune loi, à aucun stage. Par cette lacune, débouchèrent les surnuméraires à cabriolet, à beaux habits, à moustaches et impertinens comme des parvenus. Le surnuméraire pauvre était et sera toujours le fils de quelque veuve d'employé, qui vit sur une maigre pension et se tue à nourrir son fils jusqu'à ce qu'il arrive à la place d'expéditionnaire, et qui meurt le laissant près de son bâton de maréchal, quelque place de commis-rédacteur, de commis-d'ordre, ou peut-être de sous-chef. Le jeune homme à qui parlait Rabourdin était un surnuméraire pauvre nommé Sébastien de la Roche, venu sur la pointe de ses bottes de la rue du Roi-Doré au Marais, sans avoir attrapé la moindre éclaboussure. Il disait maman, n'osait lever les yeux sur madame Rabourdin dont la maison lui faisait l'effet d'un Louvre; ses gants étaient nettoyés à la gomme élastique; sa pauvre mère lui avait mis cent sous dans sa poche au cas où il serait absolument nécessaire de jouer, en lui recommandant de ne rien prendre, de rester debout, et bien faire attention à ne pas jeter quelque lampe, quelque jolie bagatelle étalée sur une étagère. Sa mise était le noir le plus strict. Il avait une figure blonde, ses cheveux étaient d'un ton chaud, et ses yeux d'une belle teinte verte à reflets dorés. Le pauvre enfant regardait parfois madame Rabourdin à la dérobée, en se disant :—« Quelle belle femme ! » A son retour, il devait y penser jusqu'au moment où le sommeil lui clorait la paupière. Rabourdin avait deviné la misère qui régnait dans le ménage d'une pauvre veuve pensionnée à sept cents francs, et dont le fils, sorti du collége depuis peu, avait nécessairement absorbé bien des économies. Aussi était-il tout paternel pour ce pauvre surnuméraire. Il se battait souvent au conseil afin de lui obtenir une gratification, et quelquefois la prenait sur la sienne propre, quand la discussion devenait trop ardente entre les distributeurs des grâces et lui. Puis il l'accablait de travail, il le formait ; il lui faisait remplir la place de M. Dubruel le faiseur de pièces de théâtre, connu dans la littérature dramatique et sur les affiches sous le nom de Cursy, lequel laissait à

Sébastien cent écus sur son traitement. M. Rabourdin, dans l'esprit de madame de la Roche et de son fils, était à la fois un grand homme, un tyran, un ange ; à lui se rattachaient toutes leurs espérances. Aussi le dévoûment de Sébastien était-il sans bornes. Le surnuméraire dînait deux fois par mois chez son chef, mais en famille et amené par Rabourdin ; madame ne le priait jamais que pour les bals où il lui fallait des danseurs. Son cœur battit quand il vit l'imposant M. des Lupeaulx qu'une voiture ministérielle emportait souvent à quatre heures et demie, alors qu'il déployait son parapluie sous la porte du ministère pour s'en aller au Marais. Le secrétaire-général de qui son sort dépendait, qui d'un mot pouvait lui donner une place de douze cents francs (oui, douze cents francs étaient toute son ambition; à ce prix, sa mère et lui pouvaient être heureux !) eh bien ! ce secrétaire-général ne le connaissait pas ! à peine savait-il qu'il existât un Sébastien de la

Roche. Et si le fils de M. La Billardière, surnuméraire du bureau de M. Baudoyer, se trouvait aussi sous la porte, M. des Lupeaulx ne manquait jamais à le saluer par un coup de tête amical. M. Benjamin de La Billardière était fils du cousin d'un ministre.

En ce moment, M. Rabourdin grondait ce pauvre petit Sébastien, seule personne qui fût dans la confidence entière de ses immenses travaux. Le surnuméraire copiait et recopiait le fameux mémoire composé de cent cinquante feuillets de grand papier Tellière, outre les tableaux à l'appui, les résumés qui tenaient sur une simple feuille, les calculs avec accolades, titres à l'anglaise et sous-titres en ronde. Animé par sa participation mécanique à cette grande idée, l'enfant de vingt ans refaisait un tableau pour un simple grattage, il mettait sa gloire à peindre les écritures, élémens d'une si noble entreprise. Sébastien avait commis l'imprudence d'emporter au bureau la minute du travail le plus dangereux, afin d'en achever la copie. C'était un état général des employés des administrations centrales de tous les ministères à Paris, avec des indications sur leur fortune présente et à venir, et sur leurs entreprises personnelles en dehors de leur emploi. A Paris, tout employé qui n'a pas, comme Rabourdin, une patriotique ambition ou quelque capacité supérieure, joint les fruits d'une industrie aux produits de sa place afin de pouvoir exister. Il fait comme M. Saillard, il s'intéresse à un commerce en baillant des fonds, et le soir il tient les livres de son associé. Beaucoup d'employés sont mariés à des lingères, à des débitantes de tabac, à des directrices de bureaux de loterie ou de cabinets de lecture ; quelques-uns sont placés à l'orchestre d'un théâtre ; beaucoup fabriquent des vaudevilles, des opéras-comiques, des mélodrames, ou dirigent des spectacles. En ce genre, on peut citer MM. Sewrin, Pixerécourt, Planard, etc.; dans leur temps Pigault-Lebrun, Piis, Duvicquet avaient des places. Le premier libraire de M. Scribe fut un employé au Trésor. Outre ces renseignemens, l'état fait par Rabourdin contenait un examen des capacités morales et des facultés physiques, bien nécessaire pour bien connaître les gens chez lesquels se rencontraient l'intelligence, l'aptitude au travail et la santé, trois conditions indispensables dans des hommes qui devaient supporter le fardeau des affaires publiques, qui devaient tout faire vite et bien. Mais ce beau travail, fruit de dix années d'expérience, d'une longue connaissance des hommes et des choses, obtenu par des liaisons avec les principaux fonctionnaires des différens ministères, sentait l'espionnage et la police pour qui ne comprenait pas à quoi il se rattachait. Une seule feuille lue, M. Rabourdin pouvait être perdu. Admirant sans restriction son chef et ignorant encore les méchancetés de la bureaucratie, Sébastien avait les malheurs de la naïveté comme il en avait toutes les grâces ; aussi, quoique déjà grondé pour avoir emporté ce travail, eut-il le courage d'avouer sa faute en entier : il avait serré minute et copie dans un carton où personne ne pouvait les trouver ; mais en devinant l'importance de sa faute, quelques larmes roulèrent dans ses yeux.

— Allons, monsieur, lui dit avec bonté Rabourdin, plus d'imprudences, mais ne vous désolez pas. Rendez-vous demain au bureau de très-bonne heure, voici la clé d'une caisse qui est dans mon secrétaire à cylindre, elle est fermée par une serrure à combinaisons, vous l'ouvrirez en écrivant le mot Célestine, vous y serrerez copie et minute.

Ce trait de confiance sécha les larmes du gentil surnuméraire que son chef voulut contraindre à prendre une tasse de thé et des gâteaux.

— Maman me défend de prendre du thé à cause de ma poitrine, dit Sébastien.

— Hé bien, cher enfant, reprit l'imposante madame Rabourdin, voici des sandwiches et de la crême, venez là près de moi.

Elle força Sébastien à s'asseoir près d'elle à table, et le cœur du pauvre petit lui battit jusque dans la gorge en sentant la robe de cette divinité effleurer son habit. En ce moment la belle Rabourdin aperçut M. des Lupeaulx, lui sourit, et au lieu d'attendre qu'il vînt à elle, alla vers lui.

— Pourquoi restez-vous là comme si vous nous boudiez? dit-elle.

— Je ne boudais pas, reprit-il. Mais en venant vous annoncer une bonne nouvelle, je ne pouvais m'empêcher de penser que vous seriez encore plus sévère pour moi. Je me voyais dans six mois d'ici presque étranger pour vous. Oui, vous avez trop d'esprit, et moi trop d'expérience.... de rouerie, si vous voulez! pour que nous nous trompions l'un et l'autre. Votre but est atteint sans qu'il vous en coûte autre chose que des sourires et des paroles gracieuses...

— Nous tromper ! que voulez-vous dire ? s'écria-t-elle d'un air en apparence piqué.

— Oui, M. de La Billardière va ce soir encore plus mal, et d'après ce que m'a dit le ministre, votre mari sera nommé chef de division.

Il lui raconta ce qu'il appelait sa scène chez le ministre, la jalousie de sa femme, et ce qu'elle avait dit à propos de l'invitation qu'il ménageait à madame Rabourdin.

— M. des Lupeaulx, répondit avec dignité madame Rabourdin, permettez-moi de vous dire que mon mari est le plus ancien chef de bureau et le plus capable, que la nomination de ce vieux La Billardière a été un passe-droit qui a mis les bureaux en rumeur, que mon mari fait l'intérim depuis un an, qu'ainsi nous n'avons ni concurrent, ni rival.

— Cela est vrai.

— Eh bien ! reprit-elle en souriant et montrant les plus belles dents du monde, l'amitié que j'ai pour vous peut-elle être entachée par une pensée d'intérêt ? M'en croyez-vous capable ?

Il fit un geste de dénégation admirative.

— Ah! reprit-elle, le cœur des femmes sera toujours un secret pour les plus habiles d'entre vous. Oui, je vous ai vu venir ici avec le plus grand plaisir, et il y avait au fond de mon plaisir une idée intéressée.

— Ah!

— Vous avez, lui dit-elle à l'oreille, un avenir sans bornes, vous serez député, puis ministre! (Quel plaisir pour un ambitieux d'entendre dérouler ces paroles dans le tuyau de son oreille par la jolie voix d'une jolie femme!) Oh! je vous connais mieux que vous ne vous connaissez vous-même. Rabourdin est un homme qui vous sera d'une immense utilité dans votre carrière, il fera le travail quand vous serez à la Chambre! De même que vous rêvez le ministère, moi, je veux pour Rabourdin le conseil d'État et une direction générale. Je me suis donc mis en tête de réunir deux hommes qui ne se nuiront jamais l'un à l'autre, et peuvent se servir puissamment. N'est-ce pas là le rôle d'une femme? Amis, vous marcherez plus vite l'un et l'autre, et il est temps pour tous deux de voguer ! J'ai brûlé mes vaisseaux, ajouta-t-elle en souriant. Vous n'êtes pas aussi franc avec moi que je le suis avec vous.

— Vous ne voulez pas m'écouter, dit-il d'un air mélancolique malgré le contentement intérieur et profond que lui causait madame Rabourdin. Que me font vos promotions futures, si vous me destituez ici !

— Avant de vous écouter, dit-elle avec sa vivacité parisienne, il faudrait pouvoir nous entendre.

Et elle le laissa pour aller causer avec une comtesse de province qui faisait mine de partir.

— Cette femme est extraordinaire, se dit des Lupeaulx, je ne me reconnais plus auprès d'elle.

— Enfin, pensa madame Rabourdin en s'endormant, nous avons la place! douze mille francs par an, les gratifications et le revenu de notre ferme des Grajeux, tout cela fera dix-neuf mille francs. Ce n'est pas l'aisance, mais ce n'est plus la misère.

Elle s'endormit en pensant à ses dettes, en supputant qu'en trois ans, par une retenue annuelle de six mille francs, elle pourrait s'acquitter. Elle était bien loin d'imaginer qu'une femme qui n'avait jamais mis le pied dans un salon, qu'une petite bourgeoise criarde et intéressée, dévote et enterrée au Marais, sans appuis ni connaissances, songeait à emporter d'assaut la place à laquelle elle asseyait son Rabourdin par avance. Madame Rabourdin eût méprisé madame Baudoyer si elle avait su l'avoir pour antagoniste, car elle ignorait la puissance de la petitesse, cette force du ver qui ronge un ormeau en en faisant le tour sous l'écorce. S'il était possible de se servir en littérature du microscope des Leuvenhoëk, des Malpighi, des Raspail, ce qu'a tenté Hoffmann, et si l'on grossissait et dessinait ces tarets qui ont mis la Hollande à deux doigts de sa perte en rongeant ses digues, ferait-on voir des figures à peu de chose près semblables à celles des sieurs Gigonnet, Mitral, Baudoyer, Saillard, Gaudron, Falleix, Transon, Godard et compagnie, tarets qui ont d'ailleurs montré leur puissance dans la trentième année de ce siècle.

SECONDE PARTIE.

LES BUREAUX.

CHAPITRE IV.

QUELQUES EMPLOYÉS VUS DE TROIS-QUARTS.

A Paris, presque tous les bureaux se ressemblent. En quelque ministère que vous erriez pour solliciter le moindre redressement de torts ou la plus légère faveur, vous trouverez des corridors, une première pièce où se tient le garçon de bureau, une seconde où sont les employés inférieurs, le cabinet d'un sous-chef vient ensuite à droite ou à gauche; enfin plus loin ou plus haut, celui du chef de bureau. Quant au personnage immense nommé chef de division sous l'empire, parfois directeur sous la restauration, et maintenant redevenu chef de division, il loge au-dessus ou au-dessous de ses deux ou trois bureaux, quelquefois après celui d'un de ses chefs. Son appartement se distingue toujours par son ampleur, avantage bien prisé dans ces singulières alvéoles de la ruche appelée ministère ou Direction générale, si tant est qu'il subsiste une seule Direction générale! Aujourd'hui presque tous les ministères ont absorbé ces administrations autrefois séparées. A cette agglomération, les Directeurs-généraux ont perdu tout leur lustre, en perdant leurs hôtels, leurs gens, leurs salons et leur petite cour. Qui reconnaîtrait aujourd'hui dans l'homme arrivant à pied au Trésor, y montant à un deuxième étage, le Directeur-général des forêts ou des contributions indirectes, jadis logé dans un magnifique hôtel rue Saint-Avoye ou rue Saint-Augustin, Conseiller, souvent Ministre d'état et Pair de France? MM. Pasquier et Molé, entre autres, se sont contentés de Directions-générales après avoir été ministres, mettant ainsi en pratique le mot du duc d'Antin à Louis XIV : *Sire, quand Jésus-Christ mourait le vendredi, il savait bien qu'il reviendrait le dimanche.* Si, en perdant son luxe, le Directeur-général avait gagné en étendue administrative, le mal ne serait pas énorme ; mais aujourd'hui ce personnage se trouve à grand'peine Maître des requêtes avec quelques vingt malheureux mille francs. Comme symbole de son ancienne puissance, on lui tolère un huissier en culotte, en bas de soie et en habit à la française, si toutefois l'huissier n'a pas été dernièrement réformé.

En style administratif, un bureau se compose d'un garçon, de plusieurs surnuméraires faisant la besogne gratis pendant un certain nombre d'années, de simples expéditionnaires, de commis-rédacteurs, de commis d'ordre, ou commis principaux, d'un sous-chef et d'un chef. La division, qui comprend ordinairement deux ou trois bureaux, en compte parfois davantage. Les titres dénominatifs varient selon les administrations : il peut y avoir un vérificateur au lieu d'un commis d'ordre, un teneur de livres, etc.

Carrelée comme le corridor et tendue d'un papier mesquin, la pièce où se tient le garçon de bureau est meublée d'un poêle, d'une grande table noire, plumes, encrier, quelquefois une fontaine, enfin des banquettes sans nattes pour les pieds de grues publiques; mais le garçon de bureau, assis dans un bon fauteuil, repose les siens sur un paillasson. Le bureau des employés est une grande pièce plus ou moins claire, rarement parquetée ; le parquet et la cheminée sont spécialement affectés aux chefs de bureau et de division, ainsi que les armoires, les bureaux et les tables d'acajou, les fauteuils de maroquin rouge ou vert, les glaces, les rideaux de soie, et autres objets de luxe administratif. Le bureau des employés a un poêle dont le tuyau donne dans une cheminée bouchée, s'il y a cheminée. Le papier de tenture est uni, vert ou brun. Les tables sont en bois noir. L'industrie des employés se manifeste dans leur manière de se caser. Le frileux a sous ses pieds une espèce de pupitre en bois, l'homme à tempérament bilieux sanguin n'a qu'une sparterie; le lymphatique qui redoute les vents coulis, l'ouverture des portes et autres causes du changement de température, se fait un petit paravent avec des cartons. Il existe une armoire où chacun met l'habit de travail, les manches en toile, les garde-vue, casquettes, calottes grecques et autres ustensiles du métier. Presque toujours la cheminée est garnie de carafes pleines d'eau, de verres et de débris de déjeuner. Dans certains locaux obscurs il y a des lampes. La porte du cabinet où se tient le sous-chef est ouverte, en sorte qu'il peut surveiller ses employés, les empêcher de trop causer, ou venir causer avec eux dans les grandes circonstances. Le mobilier des bureaux indiquerait au besoin à l'observateur la qualité de ceux qui les habitent. Les rideaux sont blancs ou en étoffe de couleur, en coton ou en soie; les chaises sont en merisier ou en acajou, garnies de paille, de maroquin ou d'étoffes; les papiers sont plus ou moins frais. Mais il suffira peut-être de peindre la division de M. La Billardière, pour que les étrangers et les gens qui vivent en province aient des idées exactes sur les mœurs intimes *des bureaux*, car ces traits principaux sont sans doute communs à toutes les administrations européennes.

D'abord, et avant tout, figurez-vous à votre fantaisie un homme ainsi rubriqué dans l'Almanach royal?

CHEF DE DIVISION.

M. le baron Flamet de La Billardière (Athanase-Jean-François-Michel), ancien Grand-Prévôt du département de la Corrèze, Gentilhomme ordinaire de la Chambre, Maître des requêtes en service extraordinaire, Président du grand Collége du département de la Dordogne, Officier de la Légion-d'Honneur, chevalier de Saint-Louis et des Ordres étrangers du Christ, d'Isabelle, de Saint-Wladimir, etc., Membre de l'Académie du Gers et de plusieurs autres Sociétés savantes, Vice-président de la Société des Bonnes-Lettres, Membre de l'Association de Saint-Joseph, et de la Société des prisons, l'un des Maires de Paris, etc.

Ce personnage, qui prenait un si grand développement typographique, occupait cinq pieds six pouces sur trente-six lignes de large dans un lit, la tête ornée d'un bonnet de coton serré par des rubans couleur feu, visité par l'illustre M. Alibert, médecin du Roi, et par le jeune docteur Bianchon, flanqué de deux vieilles parentes, environné de fioles, linges, remèdes et autres instrumens mortuaires, guetté par le curé de Saint-Roch qui lui insinuait de penser à son salut. Son fils Benjamin de la Billardière demandait tous les matins aux deux docteurs : — Croyez-vous que j'aie le bonheur de conserver mon père? Le matin même il avait fait une transposition en mettant le mot malheur à la place du mot bonheur.

La division La Billardière était située par soixante et onze marches de longitude sous la latitude des mansardes dans l'océan ministériel d'un magnifique hôtel, au nord-est d'une cour, où jadis étaient des écuries, alors occupées par la division Clergeot. Un pallier séparait les deux bureaux, dont les portes étaient étiquetées, le long d'un vaste corridor éclairé par des jours de souffrance. Les cabinets et antichambres de MM. Rabourdin et Baudoyer étaient au-dessous, au deuxième étage. Après celui de Rabourdin se trouvaient l'antichambre, le salon et les deux cabinets de M. La Billardière. Au premier étage, coupé en deux par un entresol, était le logement et le bureau de M. Eugène de la Brière, secrétaire particulier du ministre, communiquant par une porte dérobée au cabinet réel de Son Excellence, car après ce cabinet il y en avait un autre en harmonie avec les grands appartemens où Son Excellence recevait, afin de pouvoir conférer tour à tour avec son secrétaire particulier sans témoins, et avec de grands personnages sans son secrétaire.

Trois garçons vivaient en paix à la division La Billardière, à savoir : un garçon pour les deux bureaux, un autre commun aux deux chefs, et celui du directeur de la division, tous trois chauffés et habillés par l'Etat, portant cette livrée si connue, bleu de roi à lisérés rouges en petite tenue, et pour la grande, larges galons bleus, blancs et rouges. Celui de M. de La Billardière avait une tenue d'huissier; car pour flatter l'amour-propre du cousin d'un ministre, le secrétaire-général avait toléré cet empiétement qui d'ailleurs ennoblissait l'administration. Véritables piliers de ministères, experts des coutumes bureaucratiques, ces garçons sondaient jusqu'au tuf les employés et savaient à quel point ils pouvaient s'avancer avec eux dans le *prêt*, faisant d'ailleurs leurs commissions avec la plus entière discrétion, allant engager ou dégager au Mont-de-Piété, achetant les reconnaissances, prêtant sans intérêt; mais aucun employé ne prenait d'eux la moindre somme sans rendre une gratification, les sommes étaient légères, il s'ensuivait des placemens dits *à la petite semaine*. Ces serviteurs sans maîtres avaient neuf cents francs d'appointemens; les étrennes et gratifications portaient leurs émolumens à douze cents francs, et ils étaient en position d'en gagner presque autant avec les employés, car les déjeûners de ceux qui déjeûnaient leur passaient par les mains. Dans certains ministères, le concierge apprêtait ces déjeûners, et en 1817 la conciergerie du ministère de la guerre valait ainsi près de quatre mille francs. Les garçons trouvaient quelquefois dans leur paume droite des pièces de cent sous glissées par des solliciteurs pressés, et reçues avec une rare impassibilité. Les plus anciens ne portent la livrée de l'état qu'au ministère, et sortent en habit bourgeois.

Celui des bureaux était le plus riche, il exploitait la masse des employés. Homme de soixante ans, ayant des cheveux blancs taillés en brosse, trapu, replet, le cou d'un apoplectique, un visage commun et bourgeonné, des yeux gris, une bouche de poêle, tel est le profil d'Antoine, le plus vieux garçon du ministère. Antoine avait fait venir des Echelles en Savoie et placé ses deux neveux, Laurent et

Gabriel, l'un auprès des chefs, l'autre auprès du directeur. Taillés en plein drap, comme leur oncle : trente à quarante ans, physionomie de commissionnaire, receveurs de contre-marques le soir à un théâtre royal, places obtenues par l'influence de M. de La Billardière, ces deux Savoyards étaient mariés à d'habiles blanchisseuses de dentelles qui reprisaient aussi les cachemires. L'oncle non marié, ses neveux et leurs femmes vivaient tous ensemble, et beaucoup mieux que la plupart des sous-chefs. Gabriel et Laurent, ayant à peine dix ans de place, n'étaient pas arrivés à mépriser le costume du gouvernement: ils sortaient en livrée, fiers comme des auteurs dramatiques après un succès d'argent. Leur oncle, qu'ils servaient avec fanatisme et qui leur paraissait un homme subtil, les initiait lentement aux mystères du métier. Tous trois venaient ouvrir les bureaux, les nettoyaient entre sept et huit heures, lisaient les journaux ou politiquaient à leur manière sur les affaires de la division avec d'autres garçons, échangeant entre eux leurs renseignemens respectifs. Aussi, comme les domestiques modernes qui savent parfaitement bien les affaires de leurs maîtres, étaient-ils dans le ministère comme des araignées au centre de leur toile, ils sentaient la plus légère commotion.

Le jeudi matin, lendemain de la soirée ministérielle et de la soirée de M. Rabourdin, au moment où l'oncle se faisait la barbe assisté de ses deux neveux dans l'antichambre de la Division, au second étage, ils furent surpris par l'arrivée imprévue d'un employé.

— C'est M. Dutocq, dit Antoine, je le reconnais à son pas de filou, il a toujours l'air de patiner cet homme-là! Il tombe sur votre dos sans qu'on sache par où il est venu. Hier, contre son habitude, il est resté le dernier dans le bureau de la Division, excès qui ne lui est pas arrivé trois fois depuis qu'il est au ministère.

Trente-huit ans, un visage oblong à teint bilieux, des cheveux gris crépus, toujours taillés ras; un front bas, d'épais sourcils qui se rejoignaient, un nez tordu, des lèvres pincées, des yeux vert-clair qui fuyaient le regard du prochain, une taille élevée, l'épaule droite légèrement plus forte que l'autre; habit brun, gilet noir, cravate de foulard, pantalon jaunâtre, bas de laine noire, souliers à nœuds barbottans: vous voyez M. Dutocq, commis principal du bureau Rabourdin. Incapable et flancur, il haïssait son chef. Rien de plus naturel. Rabourdin n'avait aucun vice à flatter, aucun côté mauvais par où Dutocq aurait pu se rendre utile. Beaucoup trop noble pour lui nuire, son chef était aussi trop perspicace pour se laisser abuser par aucun semblant, Dutocq n'existait donc que par la générosité de Rabourdin et n'avait aucun espoir d'avancement tant qu'il mènerait la Division. Quoique se sentant sans moyens pour occuper la place supérieure, Dutocq connaissait assez les bureaux pour savoir que l'incapacité n'empêchait point d'émarger. L'exemple de M. La Billardière était frappant. Dutocq en serait quitte pour chercher un Rabourdin parmi ses rédacteurs. La méchanceté combinée avec l'intérêt personnel équivaut à beaucoup d'esprit ; très-méchant et très-intéressé, le sieur Dutocq avait donc tâché de consolider sa position en se faisant l'espion des bureaux. Dès 1816, il prit une couleur religieuse très-foncée en pressentant la faveur dont jouiraient les gens que, dans ce temps, les niais comprenaient tous indistinctement sous le nom de *jésuites*. Appartenant à la Congrégation sans être admis à ses mystères, Dutocq allait d'un bureau à l'autre, explorait les consciences en disant des gaudrioles, et venait paraphraser *ses rapports* à M. des

Lupeaulx, qu'il instruisait des plus petits événemens, en sorte que le secrétaire-général étonnait souvent le ministre par sa profonde connaissance des affaires intimes. Bonneau tout de bon de ce Bonneau politique, Dutocq briguait l'honneur des secrets messages de des Lupeaulx, qui tolérait cet homme immonde en pensant que le hasard pouvait le lui rendre utile, ne fût-ce qu'à le tirer de peine lui ou quelque grand personnage, par un honteux mariage. L'un et l'autre se comprenaient bien; Dutocq comptait sur cette bonne fortune, en y voyant une bonne place, et il restait garçon. Dutocq avait succédé à M. Poiret l'aîné, retiré dans une pension bourgeoise, et mis à la retraite en 1813, époque à laquelle il y eut peu de choix à faire parmi les employés. Il demeurait à un cinquième étage, rue Saint-Louis-Saint-Honoré, près du Palais-Royal dans une maison à allée. Passionné pour les collections de vieilles gravures, il voulait avoir tout Rembrandt et tout Charlet, tout Ruysdaël et Callot, Albrecht Durer, etc. Comme la plupart des gens à collections et ceux qui font eux-mêmes leur ménage, il prétendait acheter les choses à bon marché. Il vivait dans une pension rue de Beaune, et passait la soirée dans le Palais-Royal, allant parfois au spectacle, grâce à Dubruel, qui lui donnait un billet d'auteur par semaine. Un mot sur Dubruel.

Quoique suppléé par Sébastien, auquel il abandonnait la pauvre indemnité que vous savez, Dubruel venait cependant au bureau, mais uniquement pour se croire, pour se dire sous-chef et toucher des appointemens. Il faisait les petits théâtres dans le feuilleton d'un journal ministériel, où il écrivait aussi les articles demandés par les ministres : position connue, définie et inattaquable. Dubruel ne manquait d'ailleurs à aucune des petites ruses diplomatiques qui pouvaient lui concilier la bienveillance générale. Il offrait une loge à madame

Rabourdin à chaque première représentation, la venait chercher en voiture et la ramenait, attention à laquelle elle se montrait sensible. Aussi, Rabourdin, très-tolérant et très-peu tracassier avec ses employés, le laissait-il aller à ses répétitions, venir à ses heures, et travailler à ses vaudevilles. M. le duc d'Aumont le savait occupé d'un roman qui devait lui être dédié. Vêtu avec le laisser-aller du vaudevilliste, Dubruel portait le matin un pantalon à pied, des souliers-chaussons, un gilet mis à la réforme, une redingote olive et une cravate noire. Le soir, il avait un costume élégant, car il visait au gentleman. Dubruel demeurait dans la maison d'une actrice pour laquelle il écrivait des rôles; cette actrice logeait au-dessus de Tullia, danseuse plus remarquable par sa beauté que par son talent, et ce voisinage permettait au sous-chef de voir quelquefois un aide-de-camp de Charles X, célèbre à plus d'un titre, et qui lui avait fait obtenir la croix de la

Légion-d'Honneur, après une onzième pièce de circonstance. Il travaillait en ce moment à une pièce en cinq actes pour les Français. Sébastien l'aimait beaucoup, il recevait de lui quelques billets de parterre, et applaudissait avec la foi du jeune âge aux endroits que Dubruel lui signalait comme douteux ; Sébastien le regardait comme un grand écrivain. Ce fut à Sébastien que Dubruel dit, le lendemain de la première représentation d'un vaudeville produit, comme tous les vaudevilles, par trois collaborateurs, et où l'on avait sifflé dans quelques endroits : — Le public a reconnu les scènes faites à deux.

— Pourquoi ne travaillez vous pas seul? répondit naïvement Sébastien.

Il y avait d'excellentes raisons pour que Dubruel ne travaillât pas seul. Il était le tiers d'un auteur dramatique qui, comme peu de personnes le savent, se compose : d'abord d'un *homme à idées*, chargé de tracer les sujets et de construire la charpente ou *scenario* du vaudeville ; puis d'un *piocheur*, chargé de rédiger la pièce ; enfin d'un *homme-mémoire*, chargé de mettre en musique les couplets, d'arranger les chœurs et les morceaux d'ensemble, de les chanter, les superposer à la situation, qui fait aussi la recette, c'est-à-dire veille à la composition de l'affiche, en ne quittant pas le directeur qu'il n'ait indiqué pour le lendemain une pièce de la société. Dubruel était metteur en œuvre, il lisait les romans nouveaux et les mémoires au bureau, en extrayait les mots spirituels et les enregistrait pour en émailler son dialogue. Cursy (son nom de guerre) était estimé par ses collaborateurs, à cause de sa parfaite exactitude ; avec lui, sûr d'être compris, l'homme aux sujets pouvait se croiser les bras. Les employés de la division l'aimaient assez pour aller en masse à ses pièces et les soutenir, car il méritait le titre de *bon enfant*, la main leste à la poche, ne se faisant jamais tirer l'oreille pour payer des glaces ou du punch, et prêtant cinquante francs sans jamais les redemander. Maison de campagne à Aulnay, rangé, plaçant son argent. Quatre mille cinq cents de sa place, douze cents de pension sur la liste civile, huit cents sur les cent mille écus d'encouragements aux arts votés par la chambre, ajoutant à ces divers produits neuf mille francs gagnés par ses *quarts,* ses *tiers*, ses *moitiés* de vaudevilles à trois théâtres différents. Au physique : gros, gras et rond, figure de bon propriétaire.

Dutocq n'avait pas vu sans effroi ce qu'il nommait la liaison de des Lupeaulx avec madame Rabourdin, et sa rage sourde s'en était accrue. D'ailleurs, il avait un œil trop fureteur pour ne pas avoir deviné que Rabourdin s'adonnait à un grand travail en dehors de ses travaux officiels, et il se désespérait de n'en rien savoir, tandis que le petit Sébastien était, en tout ou en partie, dans le secret. Dutocq avait essayé de se lier avec M. Godard, sous-chef de Baudoyer, collègue de Dubruel, et il y était parvenu. La haute estime dans laquelle Dutocq tenait Baudoyer avait ménagé son accointance avec Godard, non que Dutocq fût sincère ; mais en vantant Baudoyer et ne disant rien de Rabourdin, il satisfaisait sa haine à la manière des petits esprits.

Joseph Godard était cousin de Mitral par la tante de sa mère. Quoique sa parenté avec Beaudoyer fût extrêmement éloignée, elle lui avait inspiré des prétentions à la main de mademoiselle Baudoyer, et conséquemment à ses yeux, Baudoyer brillait comme un génie. Il professait une haute estime pour Elisabeth et madame Saillard, sans s'être encore aperçu que madame Baudoyer mitonnait Falleix pour sa fille. Il apportait à mademoiselle Baudoyer de petits cadeaux, des fleurs artificielles ; des bonbons au jour de l'an, de jolies boîtes à ses jours de fête. Agé de vingt-six ans, travailleur sans portée, rangé comme une demoiselle, monotone et apathique, ayant les cafés, le cigare et l'équitation en horreur, couché régulièrement à dix heures du soir et levé à sept, doué de plusieurs talens de société, jouant des contredanses sur le flageolet, ce qui l'avait mis en grande faveur chez les Saillard et les Baudoyer, fifre dans la garde nationale pour ne point passer les nuits au corps-de-garde, Godard cultivait l'histoire naturelle : il faisait des collections de minéraux et de coquillages, savait empailler les oiseaux, entassait dans sa chambre un tas de curiosités achetées à bon marché : des pierres à paysages, des modèles de palais en liége, des pétrifications de la fontaine Saint-Allyre, etc. Il accaparait tous les flacons de parfumerie pour mettre ses échantillons de baryte, ses sulfates, sels, magnésie, coraux, etc. Il avait des papillons dans des cadres, des parasols de la Chine, des peaux de poissons séchés. Il demeurait chez sa sœur, fleuriste, rue de Richelieu. Quoique très-admiré par les mères de familles, ce jeune-homme modèle était méprisé par les ouvrières de sa sœur, et surtout par la demoiselle du comptoir, qui pendant long-temps avait espéré l'*enganter*. Maigre et fluet, de taille moyenne, les yeux cernés, ayant un peu de barbe, tuant, comme disait Bixiou, les mouches au vol, Joseph Godard avait peu de soin de lui-même : ses habits étaient mal taillés, ses pantalons larges formaient le sac; il portait des bas blancs par toutes les saisons, un chapeau à petits bords et des souliers lacés. Assis au bureau, dans un fauteuil de canne, percé au milieu du siége et garni d'un rond en maroquin vert, il se plaignait beaucoup de ses digestions. Son principal vice était de proposer des parties de campagne, le dimanche dans la belle saison, à Montmorency, des dîners sur l'herbe, et d'aller prendre du laitage sur le boulevard du Mont-Parnasse.

Depuis six mois Dutocq commençait à aller de loin en loin chez mademoiselle Godard, espérant faire quelques affaires dans cette maison, y découvrir quelque trésor femelle. Ainsi, dans les bureaux, Baudoyer avait en Dutocq et Godard deux prôneurs. M. Saillard, incapable de juger Dutocq, lui faisait parfois de petites visites au bureau. Le jeune La Billardière, mis surnuméraire chez Baudoyer, était de leur parti. Les têtes fortes riaient beaucoup de cette alliance entre ces incapacités. Baudoyer, Godard et Dutocq avaient été surnommés par Bixiou la Trinité sans Esprit, et le petit La Billardière l'*agneau pascal*.

— Vous vous êtes levé matin, dit Antoine à Dutocq en prenant un air riant.

— Et vous Antoine, répondit Dutocq, vous voyez bien que les journaux arrivent quelquefois plus tôt que vous ne nous les donnez.

— Aujourd'hui, par hasard, dit Antoine

sans se déconcerter; ils ne sont jamais venus deux fois de suite à la même heure.

Les deux neveux se regardèrent à la dérobée comme pour se dire, en admirant leur oncle :
— *Quel fil!*

— Quoiqu'il me rapporte deux sous par déjeûner, dit en murmurant Antoine quand il entendit Dutocq fermer la porte, j'y renoncerais bien pour ne plus l'avoir dans notre division.

— Ah! vous n'êtes pas le premier aujourd'hui, M. Sébastien, dit un quart-d'heure après Antoine au surnuméraire.

— Qui donc est arrivé? demanda le pauvre enfant en pâlissant.

— M. Dutocq, répondit l'huissier Laurent.

Les natures vierges ont plus que toutes les autres un inexplicable don de seconde vue dont la cause gît peut-être dans la pureté de leur appareil nerveux en quelque sorte neuf, Sébastien avait donc deviné la haine de Dutocq contre son vénéré Rabourdin ; aussi à peine Laurent eut-il prononcé ce nom, que saisi par un horrible pressentiment, il s'écria : — Je m'en doutais ! et il s'élança dans le corridor avec la rapidité d'une flèche.

— Il y aura du grabuge dans les bureaux ! dit Antoine en branlant sa tête blanchie et endossant son costume officiel. On voit bien que M. le baron rend ses comptes à Dieu, car madame Pochard, sa garde, m'a dit qu'il ne passerait pas la journée. Vont-ils se remuer ici ! Le vont-ils ! Allez voir si tous les poêles ronflent bien, vous autres ! Sabre de bois, notre monde va nous tomber sur le dos.

— C'est vrai, dit Laurent, que ce pauvre petit jeune homme a eu un fameux coup de soleil en apprenant que ce jésuite de M. Dutocq l'avait devancé.

— Moi j'ai beau lui dire, car enfin on doit la vérité à un bon employé, et ce que j'appelle un bon employé, c'est un employé comme ce petit qui donne *recta* ses dix francs au jour de l'an, reprit Antoine. Je lui dis donc : plus vous en ferez, plus on vous en demandera et l'on vous laissera sans avancement ! Eh bien, il ne m'écoute pas, il se tue à rester jusqu'à cinq heures, une heure de plus que tout le monde (*il hausse les épaules*). C'est des bêtises, on n'arrive pas comme ça, à preuve qu'il n'est pas encore question de l'appointer. Après deux ans ! ça scie le dos, parole d'honneur. M. Rabourdin l'aime, mais M. Rabourdin n'est pas ministre, il fera chaud quand il le sera, les poules auront des dents, il est bien trop... Suffit ! Quand je pense que je porte à émarger l'état des appointemens à des farceurs qui restent chez eux, et qui y font ce qu'ils veulent, tandis que ce petit se crève, je me demande s'il y a un bon Dieu. Et qu'est-ce qu'ils vous donnent ces protégés de M. le maréchal, de M. le duc? ils vous remercient : (*il fait un signe de tête protecteur*) merci, mon cher *Antoine* ! Tas de *faignians*, travaillez donc! ou vous serez cause d'une révolution. Fallait voir s'il y avait de ces giries-là sous M. Robert-Lindet; car, moi tel que vous me voyez, j'ai entré sous Robert-Lindet. Et sous lui, l'employé travaillait! Fallait les voir tous jusqu'à minuit, les poêles éteints, sans seulement s'en apercevoir ; mais c'est qu'aussi la guillotine était là, et c'est pas pour dire, mais c'était autre chose que de les pointer quand ils arrivaient tard. Qu'est-ce que je dis donc là? Allez donc voir à vos poêles et ne parlez jamais de la révolution, vous autres ! Gabriel, celui du grand bureau tire comme un diable, il faut tourner un peu la clé.

Antoine se plaça sur le palier, à un endroit d'où il pouvait voir déboucher les employés de dessous la porte cochère ; il connaissait tous ceux du ministère et les observait dans leur allure, en remarquant les différences que présentaient leurs mises. Avant d'entrer dans le drame, il est nécessaire de dessiner ici la silhouette des principaux acteurs de la division La Billardière qui présenteront d'ailleurs quelques variétés du genre Commis et justifieront les observations de Rabourdin.

Le premier qui vint après Sébastien était un rédacteur du bureau Rabourdin, honorable père de famille, nommé monsieur Phellion. Il devait à la protection de son chef une demi-bourse au collége Henri IV pour chacun de ses deux garçons : faveur bien placée, car Phellion avait encore une fille élevée gratis dans un pensionnat où sa femme donnait des leçons de piano, où il faisait une classe d'histoire et de géographie pendant la soirée. Homme de quarante-cinq ans, sergent-major de sa compagnie dans la garde nationale, très-compatissant en paroles, mais hors d'état de donner un liard, le commis-rédacteur demeurait rue du faubourg Saint-Jacques, non loin des Sourds-Muets, dans une maison à jardin où son local (style Phellion) ne coûtait que quatre cents francs. Fier de sa place, heureux de son sort, il s'appliquait à servir le gouvernement, se croyait utile à son pays, et se vantait de son insouciance en politique, où il ne voyait jamais que LE POUVOIR. M. Rabourdin lui faisait plaisir en le priant de rester une demi-heure de plus pour achever quelque travail, et il disait alors aux demoiselles La Grave, car il dînait rue Notre-Dame-des-Champs dans le pensionnat où sa femme *professait la musique* : — « Mesdemoiselles, les affaires ont exigé que je reste au bureau. Quand on appartient au gouvernement on n'est pas son maître ! » Il avait composé des livres par demandes et par réponses, à l'usage des pensionnats de jeunes demoiselles. Ces *petits traités substantiels*, comme il les nommait, se vendaient chez le libraire de l'Université, sous le nom de Catéchismes historique et géographique. Se croyant obligé d'offrir à madame Rabourdin un exemplaire papier vélin, relié en maroquin rouge, de ses catéchismes, il les avait apportés en grande tenue : culotte de soie, bas de soie, souliers à boucles d'or, etc. M. Phellion recevait le jeudi soir, après le coucher des pensionnaires, il donnait de la bière et des gâteaux. On jouait la bouillotte à cinq sous la cave. Malgré cette médiocre mise, par certains jeudis enragés, M. Laudigeois, employé à la mairie, perdait ses dix francs. Tendu de papier vert américain à bordures rouges, son salon était décoré des portraits du Roi, de la Dauphine et de Madame, des deux gravures de Mazeppa d'après Horace Vernet, de celle du convoi du pauvre d'après Vigneron, « *tableau sublime de pensée, et qui*, selon lui, *devait consoler les dernières classes de la société en leur prouvant qu'elles avaient des amis plus dévoués que les hommes et dont les sentimens allaient plus loin que la tombe!* » A ces paroles, vous devinez l'homme qui tous les ans conduisait le jour des morts au cimetière de l'Ouest ses trois enfans auxquels il montrait les douze pieds de terre achetés à perpétuité, et dans lesquels son père et la mère de sa femme avaient été enterrés. « *Nous y viendrons tous !* » leur disait-il, pour les familiariser avec l'idée de la mort. L'un de ses plus grands plaisirs consistait à explorer les environs de Paris dont il s'était donné la carte. Possédant déjà à fond Antony, Arcueil, Bièvre, Fontenay-aux-Roses, Aulnay, si célèbre par le séjour de plusieurs grands écrivains, il espérait avec le temps connaître toute la partie ouest des environs de Paris. Il destinait son fils aîné à l'administration et le second à l'Ecole Polytechnique. Il disait à son aîné : — Quand tu auras l'honneur d'être employé par le gouvernement! Il n'avait jamais osé prier *Monsieur Rabourdin de lui faire l'honneur de dîner chez lui*, quoiqu'il eût regardé ce jour comme un des plus beaux de sa vie. Il disait que s'il pouvait laisser son fils marchant sur les traces d'un Rabourdin, il mourrait le plus heureux père du monde. Il rebattait si bien l'éloge de ce digne et respectable chef aux oreilles des demoiselles La Grave, qu'elles désiraient le voir, comme un jeune homme peut souhaiter de voir M. de Châteaubriant. Elles eussent été bien heureuses d'avoir *sa demoiselle* à élever. Quand, par hasard, la voiture du ministre sortait ou rentrait, qu'il y eût ou non du monde, Phellion se découvrait très-respectueusement, et prétendait que la France irait bien mieux si tout le monde honorait assez le pouvoir pour en honorer les insignes. Quand M. Rabourdin le faisait venir *en bas* pour lui expliquer un travail, Phellion tendait son intelligence, il écoutait les moindres paroles du chef comme un *dilettante* écoute un air aux Italiens. Silencieux au bureau, les pieds en l'air sur un pupitre de bois et ne les bougeant point, il étudiait sa besogne en conscience ; il s'exprimait dans sa correspondance administrative avec une gravité religieuse, prenait tout au sérieux, et appuyait sur les ordres transmis par les ministres au moyen de phrases solennelles. Cet homme, si ferré sur les convenances, avait eu un désastre dans sa carrière de rédacteur, et quel désastre! Malgré le soin extrême avec lequel il minutait, il lui était arrivé de laisser échapper une phrase ainsi conçue : *Vous vous rendrez aux lieux indiqués, avec les papiers nécessaires.* Heureux de pouvoir rire aux dépens de cette innocente créature, les expéditionnaires avaient été consulter à son insu Rabourdin, qui songeant au caractère de son rédacteur, ne put s'empêcher de rire, et modifia la phrase en marge par ces mots : *Vous vous rendrez sur le terrain avec toutes les pièces indiquées.* Phellion, à qui l'on vint montrer la correction, l'étudia, pesa la différence des expressions, ne craignit pas d'avouer qu'il eût été deux heures à trouver ces équivalens, et s'écria : — *M. Rabourdin est un homme de génie.* Il pensa toujours que ses collègues avaient manqué de procédés à son égard en recourant si promptement au chef; mais il avait trop de respect dans la hiérarchie pour ne pas reconnaître leur droit d'y recourir, d'autant plus qu'alors il était absent; cependant, à leur place, il aurait attendu, la circulaire ne pressait pas. Cette affaire lui fit perdre le sommeil pendant quelques nuits. Quand on voulait le fâcher, on n'avait qu'à faire allusion à la maudite phrase en lui disant quand il sortait : — *Avez-vous les papiers nécessaires!* Le digne rédacteur se retournait, lançait un regard foudroyant aux employés, et leur répondait : — *Ce que vous dites me semble fort déplacé, Messieurs.* Il y eut un jour à ce sujet une querelle si forte que Rabourdin fut obligé d'intervenir et de défendre aux employés de rappeler cette phrase. M. Phellion avait une figure de bélier pensif, peu colorée, marquée de la petite vérole, de grosses lèvres pendantes, les yeux d'un bleu clair, une taille au-dessus de la moyenne. Propre sur lui comme doit l'être un maître d'histoire et de géographie obligé de paraître devant de jeunes demoiselles, il portait de beau linge, un jabot plissé, gilet de casimir noir ouvert, laissant voir des bretelles brodées par sa fille, un diamant à sa chemise, habit noir, pantalon bleu. Il adoptait l'hiver le carrik noisette à trois collets et avait une canne plombée nécessitée par *la profonde solitude de quelques parties de son quartier.* Il s'était déshabitué de priser et citait cette réforme comme un exemple frappant de l'empire qu'un homme peut prendre sur lui-même. Il montait les escaliers lentement, car il craignait un asthme, ayant ce qu'il appelait la poitrine grasse. Il saluait Antoine avec dignité.

Immédiatement après M. Phellion, vint un expéditionnaire qui formait un singulier contraste avec ce vertueux bonhomme. Vimeux était un jeune homme de vingt-cinq ans, à quinze cents francs d'appointemens, bien fait, cambré, d'une figure élégante et romanesque, ayant les cheveux, la barbe, les yeux, les sourcils noirs comme du jais, de belles dents, des mains charmantes, portant des moustaches si fournies, si bien peignées qu'il semblait en faire métier et marchandise. Vimeux avait une si grande aptitude à son travail qu'il l'expédiait plus promptement que personne. — « *Ce jeune homme est doué !* » disait Phellion en le voyant se croiser les jambes et ne savoir à quoi employer le reste de son temps, après avoir fait son ouvrage. — « *Et voyez ! c'est perlé !* » disait le rédacteur à Dubruel. Vimeux déjeûnait d'une simple flûte et d'un verre d'eau, dînait pour vingt sous chez Katcomb et logeait en garni à douze francs par mois. Son bonheur, son seul plaisir était la toilette. Il se ruinait en gilets mirifiques, en pantalons collans, demi-collans, à plis ou à broderies, en bottes fines, en habits bien faits qui dessinaient sa taille, en cols ravissans, en gants frais, en chapeaux. La main ornée d'une bague à la chevalière mise par-dessus son gant, armé d'une jolie canne, il tâchait de se donner la tournure et les manières d'un jeune homme riche ; puis, il allait, un cure-dent à la bouche, se promener dans la grande allée des Tuileries, absolument comme un millionnaire sortant de table. Il espérait qu'une femme, une Anglaise, une étrangèr quelconque, ou une veuve pourrait s'amouracher de lui ; il frisait ses cheveux, étudiait l'art de jouer avec sa canne, et de lancer un regard à la manière dite *américaine*. Il avait des principes arrêtés : il épousait une bossue à six mille livres de rente, à huit mille une femme de quarante-cinq ans, à mille écus une Anglaise. Ravi de son écriture et pris de compassion pour ce jeune homme, M. Phellion le sermonait pour lui persuader de donner des leçons d'écriture, honorable profession qui pouvait améliorer son existence et la rendre même agréable ; il lui promettait le pensionnat des demoiselles La

Grave. Mais Vimeux avait son idée si fort en tête, que personne ne pouvait l'empêcher de croire à son étoile : il continuait à s'étaler à jeun comme un esturgeon de Chevet, quoiqu'il eût vainement exposé ses énormes moustaches depuis trois ans. Endetté de trente francs pour ses déjeûners, chaque fois que Vimeux passait devant Antoine il baissait les yeux pour ne pas rencontrer son regard; et cependant, vers midi, il le priait de lui aller chercher une flûte. Après avoir essayé de faire entrer quelques idées justes dans cette pauvre tête, Rabourdin avait fini par y renoncer. M. Vimeux père était greffier d'une justice-de-paix dans le département du Nord. Adolphe Vimeux avait dernièrement économisé Katcomb et vécu de petits pains, pour s'acheter des éperons et une cravache. On l'avait appelé M. Willaume pour railler ses calculs matrimoniaux. On ne pouvait attribuer les moqueries adressées à ce pauvre garçon qu'au génie malin qui créa le vaudeville, car il était bon camarade, et ne nuisait à personne qu'à lui-même. Primitivement dans le bureau Baudoyer, Vimeux avait intrigué pour passer chez Rabourdin, à cause de la sévérité de Baudoyer relativement *aux Anglais*, nom donné par les employés à leurs créanciers. Le jour *des Anglais* est le jour où les bureaux sont publics. Sûrs de trouver là leurs débiteurs, les créanciers affluent, ils viennent les tourmenter en leur demandant quand ils seront payés, et les menacent de mettre opposition sur leur traitement. L'implacable Baudoyer obligeait ses employés à rester. C'était à eux, disait-il, à ne pas s'endetter. Il regardait sa sévérité comme une chose nécessaire pour leur bien. Au contraire, Rabourdin protégeait les employés contre leurs créanciers qu'il mettait à la porte, disant que les bureaux n'étaient point ouverts pour les affaires privées, mais pour les affaires publiques. On s'était beaucoup moqué de Vimeux dans les deux bureaux, quand il avait fait sonner ses éperons à travers les corridors et les escaliers. Le mystificateur du ministère, Bixiou, avait fait passer dans les deux divisions Clergeot et La Billardière une feuille en tête de laquelle Vimeux était caricaturé sur un cheval de carton, et où chacun était invité à souscrire pour lui acheter un cheval. M. Baudoyer était marqué pour un quintal de foin, pris sur sa consommation particulière, et chaque employé mettait une épigramme sur son voisin. Vimeux n'était pas susceptible, il souscrivit lui-même au nom de miss Fairfax.

Ce Bixiou (prononcez Bisiou) était un méchant homme qui se moquait de Dutocq aussi bien que de Rabourdin, surnommé *la vertueuse Rabourdin*. Pour exprimer la vulgarité de son chef, il l'appelait *la place Baudoyer*, le vaudevilliste se nommait *Flon-Flon*. Sans contredit l'homme le plus spirituel de la division et du ministère, mais spirituel à la façon du singe, sans portée ni suite, Bixiou était d'une si grande utilité à Baudoyer et à Godard qu'ils le protégeaient malgré sa malfaisance, il expédiait leur besogne par dessous la jambe. Bixiou désirait la place de Godard ou de Dubruel ; mais sa conduite nuisait à son avancement : tantôt il se moquait des bureaux, et c'était quand il venait de faire une bonne affaire, comme la publication des portraits dans le procès Fualdès pour lesquels il avait pris des figures au hasard, ou celle des débats du procès de Castaing ; tantôt il lui prenait une envie de parvenir, et il s'appliquait au travail; puis il le laissait pour un vaudeville qu'il ne finissait point. D'ailleurs égoïste, avare et dépensier tout ensemble, c'est-à-dire ne dépensant son argent que pour lui ; cassant, agressif et indiscret, il faisait le mal pour le mal, il attaquait surtout les faibles, ne respectait rien, ne croyait ni à la France, ni à Dieu, ni à l'art, ni aux Grecs, ni aux Turcs, ni au Champ-d'Asile, ni à la monarchie, insultant surtout ce qu'il ne comprenaît point. Ce fut lui qui, le premier, mit des calottes noires à la tête de Charles X sur les pièces de cent sous. Il contrefaisait le docteur Gall à son cours, de manière à décravater le diplomate le mieux boutonné. La plaisanterie principale de ce terrible inventeur de charges consistait à chauffer les poêles outre mesure, afin de procurer des rhumes à ceux qui sortaient imprudemment de son étuve, et il avait la satisfaction de consommer le bois du gouvernement. Remarquable par ses mystifications, il les variait avec tant d'habileté, qu'il y prenait toujours quelqu'un. Son grand secret en ce genre était de deviner les désirs de chacun, il connaissait le chemin de tous les châteaux en Espagne, le rêve où l'homme est mystifiable parce qu'il cherche à s'attraper lui-même, et il vous *faisait poser* pendant des heures entières. Ainsi, ce profond observateur, qui déployait un tact inouï pour une raillerie, ne savait plus user de sa puissance pour employer les hommes à sa fortune ou à son avancement. Celui qu'il aimait le plus à vexer était le jeune La Billardière, sa bête noire, son cauchemar, et que néanmoins il patelinait constamment, afin de le mieux mystifier : il lui adressait des lettres de femme amoureuse signées Comtesse de M... ou Marquise de B..., l'attirait ainsi aux jours gras dans le foyer de l'Opéra devant la pendule et le lâchait à quelque grisette, après l'avoir montré à tout le monde. Allié de Dutocq, qu'il considérait comme un mystificateur sérieux, dans sa haine contre Rabourdin et dans ses éloges de Baudoyer, il l'appuyait avec amour. Jean-Jacques Bixiou était du Mans, où son père avait fait de mauvaises affaires. Se trouvant sans état au sortir du collége, il avait tenté la sculpture, et y avait renoncé faute d'argent. La protection de son oncle, homme d'affaires du duc de Lenoncourt, premier gentilhomme du roi, lui procura sa place. De petite taille mais bien pris, une figure fine, remarquable par une vague ressemblance avec celle de Napoléon, lèvres minces, menton plat tombant droit, favoris châtains, vingt-sept ans, blond, voix mordante, regard étincelant, voilà Bixiou. Cet homme, tout sens et tout esprit, se perdait par une fureur pour les plaisirs de tout genre qui le jetait dans une dissipation continuelle. Intrépide chasseur de grisettes, fumeur, amuseur de gens, dîneur et soupeur, se mettant partout au diapazon, brillant aussi bien dans les coulisses qu'au bal des grisettes dans l'Allée des Veuves, il étonnait autant à table que dans une partie de plaisir, en verve à minuit dans la rue, comme le matin si vous le preniez au saut du lit. Il n'était sombre et triste qu'avec lui-même. Lancé dans le monde singulier des actrices et des acteurs, des artistes et de certaines femmes dont la fortune est aléatoire, il vivait bien, allait au spectacle sans payer, jouait à Frascati, gagnait souvent; enfin il se balançait dans la vie comme sur une escarpolette, sans s'inquiéter du moment où la corde casserait. Sa vivacité d'esprit, sa prodigalité d'idées, le faisaient rechercher par tous les gens qui se sont accoutumés aux rayonnemens de l'intelligence; mais aucun d'eux ne l'aimait; car incapable de retenir un bon mot, il immolait ses deux voisins à table avant la fin du premier service. Malgré sa gaîté d'épiderme, il perçait dans ses discours un secret mécontentement de sa position sociale, il aspirait à quelque chose de mieux, et le fatal démon de son esprit l'empêchait d'avoir le sérieux qui en impose tant aux sots. Il demeurait rue de Ponthieu, à un second étage où il avait trois chambres livrées à tout le désordre d'un ménage de garçon, un vrai bivouac. Il parlait souvent de quitter la France et d'aller violer la fortune en Amérique. Aucune sorcière ne pouvait prévoir l'avenir d'un jeune homme chez qui tous les talens étaient incomplets, incapable d'assiduité, toujours ivre de plaisir, et croyant que le monde finissait le lendemain.

Comme costume, il avait la prétention de n'être pas ridicule, et peut-être était-ce le seul de tout le ministère de qui la tenue ne faisait pas dire : — Voilà un employé. Il portait des bottes élégantes, un pantalon noir à sous-pieds, un gilet de fantaisie et une jolie redingote bleue, un col, éternel présent de la grisette, un chapeau de Bandoni, des gants de chevreau couleur sombre. Sa démarche, cavalière et simple à la fois, ne manquait pas de grâce. Aussi quand il fut mandé par des Lupeaulx pour une impertinence un peu trop forte inspirée par le baron de La Billardière et menacé de destitution, se contenta-t-il de lui répondre : « *Vous me reprendriez à cause du costume.* » Des Lupeaulx, qui le voyait en plusieurs endroits, ne put s'empêcher de rire. Sa plus jolie plaisanterie est celle inventée pour Godard, auquel il offrit un papillon rapporté de la Chine que le sous-chef garde dans sa collection et montre encore aujourd'hui, sans avoir reconnu qu'il est en papier peint. Bixiou avait fait un chef d'œuvre pour jouer un tour à son sous-chef.

Le diable pose toujours une victime auprès d'un Bixiou. Le bureau de Baudoyer avait donc sa victime, un pauvre expéditionnaire, âgé de vingt-huit ans, aux appointemens de quinze cents francs, nommé Népomucène Minard. Minard s'était marié par amour avec une ouvrière fleuriste, fille d'un portier, qui travaillait chez elle pour mademoiselle Godard et que Minard avait vue rue de Richelieu dans la boutique. Étant fille, Zélie Lorain avait eu bien des fantaisies pour sortir de son état : d'abord élève du Conservatoire, tour à tour danseuse, chanteuse et actrice, elle avait songé à faire comme font beaucoup d'ouvrières, mais la peur de mal tourner et de tomber dans une effroyable misère l'avait préservée du vice. Elle flottait entre mille partis, lorsque Minard s'était dessiné nettement, une proposition de mariage à la main. Zélie gagnait cinq cents francs par an, Minard en avait quinze cents ; en tout deux mille : on pouvait vivre. Le mariage s'était fait, sans contrat, avec la plus grande économie. Minard et Zélie avaient été se loger auprès de la barrière de Courcelles, comme deux tourtereaux, dans un appartement de cent écus, au troisième : des rideaux de calicot blanc aux fenêtres, sur les murs un petit papier écossais à quinze sous le rouleau, carreau frotté, meubles en noyer, petite cuisine bien propre ; d'abord une première pièce où Zélie faisait ses fleurs, puis un salon meublé de chaises foncées en crin, une table ronde au milieu, une glace, une pendule représentant une fontaine à cristal tournant, des flambeaux dorés enveloppés de gaze; enfin une chambre à coucher blanche et bleue : lit, commode et secrétaire en acajou, petit tapis rayé au bas du lit, six fauteuils et quatre chaises ; dans un coin, le berceau en merisier où dormait un joli marmot d'un an. Zélie nourrissait, faisait sa cuisine, ses fleurs et son ménage. Il y avait quelque chose de touchant dans cette heureuse et laborieuse médiocrité. En se sentant aimée par Minard, Zélie l'aima sincèrement ; l'amour attire l'amour, c'est l'*abyssus abyssum* de la Bible. Ce pauvre homme quittait son lit le matin pendant que sa femme dormait, et lui allait chercher ses provisions ; il portait les fleurs terminées en se rendant à son bureau, en revenant il achetait les matières premières ; puis en attendant le dîner, il taillait ou estampait les feuilles, garnissait les tiges, délayait les couleurs. Petit, maigre, fluet, nerveux, ayant des cheveux rouges et crépus, des yeux d'un jaune clair, un teint d'une éclatante blancheur, mais marqué de rousseurs, il avait un courage sourd et sans apparat. Il possédait la science de l'écriture au même degré que Vimeux. Au bureau, il se tenait coi, faisait sa besogne et gardait l'attitude recueillie d'un homme souffrant et songeur. Ses cils blancs et son peu de sourcils l'avaient fait surnommer le *lapin blanc* par l'implacable Bixiou. Minard était Rabourdin dans une autre sphère. Dévoré du désir de mettre sa Zélie dans une heureuse situation, il cherchait dans l'océan des besoins du luxe et de l'industrie parisienne une idée, une découverte, un perfectionnement qui lui procurât une prompte fortune. Son apparente bêtise était produite par la tension continuelle de son esprit: il allait de la moutarde blanche au Paraguay-Roux, de la pâte de Regnault à l'huile de Macassar, des briquets phosphoriques au gaz portatif, des socques articulés aux lampes hydrostatiques, embrassant ainsi les *infiniment petits* de la civilisation matérielle. Il supportait les plaisanteries de Bixiou comme un homme occupé supporte les bourdonnemens d'un insecte, il ne s'en impatientait même point. Malgré son esprit, Bixiou ne devinait pas le profond mépris que Minard avait pour lui. Minard se souciait peu d'une querelle, il y voyait une perte de temps. Aussi avait-il fini par lasser son persécuteur. Il venait au bureau habillé fort simplement, gardait le pantalon de coutil jusqu'en octobre, portait des souliers et des guêtres, un gilet en poil de chèvre, un habit de castorine en hiver et de gros mérinos en été, un chapeau de paille ou un chapeau de soie à onze francs, selon les saisons, car sa gloire était sa Zélie : il se serait passé de manger pour lui acheter une robe. Il déjeûnait avec sa femme et ne mangeait rien au bureau. Une fois par mois il menait Zélie au spectacle; la mère de sa femme quittait alors sa loge, et venait garder l'enfant. Minard avait remplacé Vimeux.

Dans chacun de ces bureaux, il se trouvait un caractère d'employé à peu près semblable. Celui du bureau Baudoyer se nommait Colleville, celui du bureau Rabourdin se nommait Thuillier. Qui connaissait Colleville connaissait Thuillier, et réciproquement. Leur amitié, née au bureau, s'était fondée sur l'estime mutuelle de leur respective simplicité. Tous deux étaient mariés, leurs femmes venaient quelquefois les chercher au bureau, ce qui dans les administrations frappe un homme de ridicule, car une femme est toujours déplacée dans les endroits où les hommes sont réunis. Souvent elles arrivaient les jours où l'on payait les appointemens, soin qui sentait la méfiance et faisait supposer que ces pauvres diables étaient sous la domination de leurs épouses. Colleville avait la passion de chercher l'horoscope des hommes célèbres dans l'anagramme de leurs noms, et Thuillier celle de faire des calembourgs. Colleville passait des mois entiers à décomposer des noms et les recomposer afin d'y découvrir un sens. *Un Corse la finira* trouvé dans *révolution française; vierge de son mari* dans *Marie de Vigneros*, nièce du cardinal de Richelieu ; *Henrici mei casta dea* dans *Catharina de*

Médicis ; eh c'est large nez dans *Charles Genest*, l'abbé de la cour de Louis XIV si connu par son gros nez qui amusait le duc de Bourgogne, avaient emmerveillé Colleville ; il avait érigé l'anagramme en science, et prétendait que le sort de tout homme était écrit dans une certaine combinaison des lettres de ses nom, prénom et qualités. Depuis le récent avénement de Charles X, il s'occupait de l'anagramme du Roi. Thuillier prétendait que l'anagramme était un calembourg en lettres. Colleville aimait le Vaudeville, et Thuillier, *qui jouait très-joliment du basson*, aimait l'Opéra-Comique. Colleville était gêné, Thuillier était à l'aise. Madame Colleville, bonne grosse maman, pleine d'ordre et d'économie, faisait elle-même son ménage, et n'entendait pas que Colleville s'amusât sans elle. Madame Thuillier, femme sèche et atrabilaire, vivait avec une vieille sœur qui lui payait pension. Colleville était pédant, Thuillier était gourmé ;

Thuillier fumait le cigare, Colleville prisait. Un défaut qui leur était commun consistait à s'entretenir des valeurs mobilières, du taux des petits pois, du prix des maquereaux, des étoffes, des parapluies, de discuter les habits, chapeaux, cannes et gants de leurs collègues, de vanter les nouvelles découvertes sans jamais y participer. Ils louaient les inventeurs de s'être occupés des intérêts du public, ils colligeaient les prospectus de librairie, les affiches à lithographies et à dessins ; mais ils ne souscrivaient à rien ; seulement ils disaient que s'ils avaient telle ou telle fortune, ils se donneraient bien telle ou telle chose. Un jour Colleville alla chez le libraire Ladvocat pour le complimenter d'avoir amené la librairie à donner au public des livres satinés avec couvertures imprimées, pour l'engager à persévérer dans sa voie d'améliorations, et il ne possédait pas un livre ! Colleville avait deux enfans ; mais comme madame Thuillier était inféconde, il passait pour certain que M. et madame Thuillier, arrivés à l'âge de cinquante ans, adopteraient l'un des petits Colleville. Madame Thuillier recevait le mardi ; madame Colleville ne recevait point, mais elle allait chez madame Thuillier. Madame Minard était parfois invitée, quoique sa recherche et sa mise déplussent à ces deux dames, qui se demandaient comment faisait la femme d'un pauvre employé à quinze cents francs pour avoir des chapeaux de paille d'Italie à fleurs, des robes de mousseline brodée, des par-dessous en soie, des souliers de prunelle, des fichus magnifiques, une ombrelle chinoise, et venir en fiacre ; tandis qu'à peine pouvaient-elles joindre les deux bouts, elles qui avaient deux mille quatre cents francs ; ça les passait, il y avait du mic-mac là dedans. Colleville et Thuillier prenaient du ventre : celui de Colleville, rond, petit, pointu, avait, suivant un mot de Bixiou, l'impertinence de toujours passer le premier ; celui de Thuillier flottait de droite à gauche; leur dos se voûtait, ils étaient entre trente et quarante ans. On donnait des concerts d'amateurs chez Thuillier, où Godard et sa flûte, Fleury et sa clarinette faisaient leur partie, le tout pour que Thuillier jouât du basson. Colleville était endetté dans un café à l'insu de sa femme. Tous deux venaient au bureau avec des habits flétris et de couleurs passées. Sans Thuillier, le ménage Colleville aurait misérablement fini. Selon Bixiou, le papa Colleville était un *fin carotteur* (mot de coulisse) qui exploitait Thuillier. Il les avait surnommés *Aureste et Pilate*, à cause du mot Au reste, par lequel Thuillier commençait la plupart de ses phrases.

M. Poiret jeune, pour le distinguer de son frère Poiret l'aîné retiré dans la maison Vauquer, où Poiret jeune allait parfois dîner, se proposant d'y finir également ses jours, avait trente ans de service. La nature n'était pas si invariable dans ses révolutions que le pauvre homme dans les actes de sa vie : il mettait toujours ses effets au même endroit, posait sa plume au même fil du bois, s'asseyait à sa place à la même heure, se chauffait au poêle à la même minute, car sa seule vanité consistait à porter une montre infaillible, réglée d'ailleurs tous les jours sur l'Hôtel-de-Ville devant lequel il passait, demeurant rue du Martroi. De six heures à huit heures du matin, il tenait les livres d'une forte maison de nouveautés de la rue Saint-Antoine, et de six heures à huit heures du soir ceux d'une maison de droguerie rue des Lombards ; il gagnait ainsi mille écus, y compris les émolumens de sa place. Atteignant, à quelques mois près, le temps voulu pour avoir sa pension, il montrait une grande indifférence aux intrigues des bureaux. Semblable à son frère à qui sa retraite avait porté un coup fatal, il baisserait sans doute beaucoup quand il n'aurait plus à venir de la rue du Martroi au ministère, à s'asseoir sur sa chaise et à expédier. Chargé de faire la collection du journal auquel s'abonnait le bureau et celle du *Moniteur*, il avait le fanatisme de cette collection ; si quelque employé perdait un numéro, l'emportait et ne le rapportait pas, Poiret jeune se faisait autoriser à sortir, se rendait immédiatement au bureau du journal, réclamait le numéro manquant et revenait enthousiasmé de la politesse du caissier, il avait toujours eu affaire à un charmant garçon, et les journalistes étaient décidément des gens aimables. Homme de taille médiocre, Poiret avait des yeux à demi éteints, un regard faible et sans chaleur, une peau tannée, ridée, grise de ton, parsemée de petits grains bleuâtres, un nez camard et une bouche rentrée où flânaient quelques dents gâtées. Aussi Thuillier disait-il que Poiret avait beau se regarder dans un miroir, il ne se voyait pas dedans (de dents). Ses bras maigres et longs étaient terminés par d'énormes mains sans aucune blancheur. Ses cheveux gris, collés par la pression de son chapeau, lui donnaient l'air d'un ecclésiastique, ressemblance peu flatteuse pour lui, car il haïssait les prêtres et le clergé, sans pouvoir expliquer ses opinions religieuses ; antipathie qui ne l'empêchait pas d'être extrêmement attaché au gouvernement quel qu'il fût. Il ne boutonnait jamais sa vieille redingote verdâtre, même par les froids les plus violens ; il ne portait que des souliers à cordons, et un pantalon noir. Il se fournissait dans les mêmes maisons depuis trente ans. Quand son tailleur mourut, il demanda un congé pour aller à son enterrement, et serra la main au fils sur la fosse du père en lui assurant sa pratique. L'ami de tous ses fournisseurs, il s'informait de leurs affaires, causait avec eux, écoutait leurs doléances et les payait comptant ; s'il écrivait à quelqu'un d'eux pour ordonner un changement dans sa commande, il observait les formules les plus polies, mettait *Monsieur* en vedette, datait et faisait un brouillon de la lettre qu'il gardait dans un carton étiqueté : *Ma correspondance.* Aucune vie n'était plus en règle : il possédait tous ses mémoires acquittés, toutes ses quittances même minimes et ses livres de dépense annuelle enveloppés dans des chemises et par année, depuis son entrée au ministère. Il dînait au même restaurant, à la même place, par abonnement, au Veau-qui-tette, place du Châtelet ; les garçons lui gardaient sa place. Ne donnant pas à la maison de droguerie cinq minutes au-delà du temps dû, à huit heures et demie il arrivait dans un café situé au coin de la rue du Temple et de la rue Michel-le-Comte, le plus célèbre de son quartier, et y restait jusqu'à onze heures ; il y venait comme au Veau-qui-tette depuis trente ans et prenait une bavaroise à dix heures et demie. Il y écoutait les discussions politiques, les bras croisés sur sa canne, et le menton dans sa main droite, sans jamais y participer. La dame du comptoir, seule femme à laquelle il parlât avec plaisir, était la confidente des petits accidens de sa vie, car il possédait sa place à la table située près du comptoir. Il jouait au domino, seul jeu qu'il eût compris. Quand ses partners ne venaient pas, on le trouvait quelquefois endormi, le dos appuyé sur la boiserie et tenant un journal dont la planchette reposait sur le marbre de sa table. Il s'intéressait à tout ce qui se faisait dans Paris, et consacrait le dimanche à surveiller les constructions nouvelles; il questionnait l'invalide chargé d'empêcher le public d'entrer dans l'enceinte en planches, et s'inquiétait des retards qu'éprouvaient les bâtisses, du manque de matériaux ou d'argent, des difficultés que rencontrait l'architecte. On lui entendait dire : « *J'ai vu sortir le Louvre de ses décombres, j'ai vu naître la place du Châtelet, le quai aux Fleurs, les marchés!* » Lui et son frère, nés à Troyes d'un commis des fermes, avaient été envoyés à Paris étudier dans les bureaux. Leur mère se fit remarquer par une inconduite désastreuse, car ils eurent le chagrin d'apprendre sa mort à l'hôpital de Troyes, nonobstant de nombreux envois de fonds. Non-seulement tous deux jurèrent alors de ne se jamais marier; mais ils prirent les enfans en horreur : mal à leur aise auprès d'eux, ils les craignaient comme on peut craindre les fous, et les examinaient d'un œil hagard. L'un et l'autre avaient été écrasés de besogne sous Robert Lindet. L'administration ne fut pas juste alors envers eux, mais ils se regardaient comme heureux d'avoir conservé leurs têtes, et ne se plaignaient qu'entre eux de cette ingratitude, car ils avaient *organisé le maximum*. Quand on joua le tour à M. Phellion de faire réformer sa fameuse phrase par Rabourdin, Poiret prit Phellion à part dans le corridor en sortant et lui dit :—« *Croyez bien, monsieur, que je me suis opposé de tout mon pouvoir à ce qui a eu lieu.* » Depuis son arrivée à Paris, il n'était jamais sorti de la ville.

Dès ce temps, il avait commencé un journal de sa vie où il marquait les événemens saillans de la journée. Dubruel lui apprit que lord Byron faisait ainsi. Cette similitude combla Poiret de joie, et l'engagea à acheter les œuvres de lord Byron, traduction de Chastopalli, à laquelle il ne comprit rien du tout. On le surprenait souvent au bureau dans une pose mélancolique, il avait l'air de penser profondément et ne songeait à rien. Il ne connaissait pas un seul des locataires de sa maison, et gardait sur lui la clef de son domicile. Au jour de l'an, il portait lui-même ses cartes chez tous les employés de la division, et ne faisait jamais de visites. Bixiou s'avisa, par un jour de canicule, de graisser de saindoux l'intérieur d'un vieux chapeau que M. Poiret jeune (il avait cinquante-deux ans) ménageait depuis neuf années. Bixiou ne lui avait jamais vu que ce chapeau-là, il en rêvait, il le voyait en mangeant, il avait résolu, dans l'intérêt de ses digestions, de débarrasser les bureaux de cet immonde chapeau. Poiret jeune sortit vers quatre heures. En s'avançant dans les rues de Paris, où les rayons du soleil réfléchis par les pavés et les murailles produisent des chaleurs tropicales, il sentit sa tête inondée, lui qui suait rarement. *S'estimant dès-lors malade ou sur le point de le devenir,* au lieu d'aller au Veau-qui-tette, il rentra chez lui, tira de son secrétaire le journal de sa vie, et consigna le fait de la manière suivante : *Aujourd'hui, 3 juillet 1823, surpris par une sueur étrange et annonçant peut-être la suette, maladie particulière à la Champagne, je me dispose à consulter M. le docteur Dubois. L'invasion du mal a commencé à la hauteur du quai de l'Ecole.* Tout-à-coup, étant sans chapeau, il reconnut que la prétendue sueur avait une cause indépendante de sa personne. Il s'essuya la figure, examina le chapeau, ne put rien découvrir, car il n'osa découdre la coiffe. Il reprit : *Porté le chapeau chez le sieur Tournan, chapelier, rue Saint-Martin, vu que je soupçonne une autre cause à cette sueur qui ne serait pas alors une sueur, mais bien l'effet d'une addition quelconque nouvellement ou anciennement faite au chapeau.* M. Tournan lui notifia la présence d'un corps gras obtenu par la distillation d'un porc ou d'une truie. Le lendemain il vint avec un chapeau prêté par M. Tournan en attendant le neuf, mais il ne s'était pas couché sans ajouter cette phrase à son journal : *Il est avéré que mon chapeau contenait du saindoux ou graisse de porc.* Ce fait inexplicable occupa pendant plus de quinze jours l'intelligence de Poiret, qui ne sut jamais comment ce phénomène avait pu se produire. On l'entretint au bureau des pluies de crapauds et autres aventures caniculaires, de la tête de Napoléon trouvée dans une racine d'ormeau, de mille bizarreries d'histoire naturelle. Vimeux lui dit qu'un jour son chapeau, à lui Vimeux, avait déteint en noir sur son visage, et que les chapeliers vendaient des drogues. Poiret alla plusieurs fois chez le sieur Tournan, afin de s'assurer de ses procédés de fabrication.

Il y avait encore chez Rabourdin un employé qui faisait l'homme courageux, professait les opinions du centre gauche et s'insurgeait contre les tyrannies de Baudoyer pour le compte des malheureux esclaves de ce bureau. Il se nommait Fleury, s'abonnait hardiment à une feuille de l'opposition, portait un chapeau gris à grands bords, des bandes rouges à ses pantalons bleus, un gilet bleu à boutons dorés, et une redingote qui croisait sur la poitrine comme celle d'un maréchal-des-logis de gendarmerie. Quoiqu'inébranlable dans ses principes, il restait néanmoins employé dans les bureaux ; mais il y prédisait un fatal avenir au gouvernement s'il persistait à donner dans la religion; il avouait ses sympathies pour Napoléon, depuis que la mort du grand homme faisait tomber en désuétude les lois contre les partisans de l'usurpateur. Fleury, ex-capitaine de musique dans un régiment de l'ex-garde impériale, grand, beau brun, était clarinette à la porte Saint-Martin, et malgré ses opinions, il allait aux soirées musicales de Thuillier. Bixiou ne s'était jamais permis de charge sur lui, car il paraissait capable dans l'occasion de se livrer à de grandes brutalités; il tirait très-bien le pistolet, était fort à l'escrime. Passionné souscripteur des *Victoires et Conquêtes*, il refusait de payer, tout en gardant les livraisons, se fondant sur ce qu'elles dépassaient le nombre promis par le prospectus. Il adorait M. Rabourdin qui l'avait empêché d'être destitué. Il lui était échappé de dire que si jamais il arrivait malheur à M. Rabourdin par le fait de quelqu'un, il tuerait ce quelqu'un. Dutocq caressait bassement Fleury, tant il le redoutait. Fleury, criblé de dettes, jouait mille tours à ses créanciers; il connaissait la législation, ne signait point de lettres de change et avait lui-même mis sur son traitement des oppositions sous le nom de créanciers supposés, en sorte qu'il le touchait presque en entier. Véritable pilier de cafés, lié très-intimement avec Zéphirine, danseuse de la porte Saint-Martin, chez laquelle étaient ses meubles, il jouait heureusement l'écarté, faisait le charme des réunions par ses talents, il buvait un verre de vin de Champagne d'un seul coup sans mouiller ses lèvres, et savait toutes les chansons de Béranger par cœur. Il se montrait fier de sa voix pleine et sonore. Ses trois grands hommes étaient Napoléon, Bolivar et Béranger. Foy, Lafitte et Casimir Delavigne n'avaient que son estime. Fleury, vous le devinez, était du Midi, et devait finir par être éditeur responsable de quelque journal libéral.

Desroys, employé du bureau Baudoyer, était l'homme mystérieux de la division. Il ne frayait avec personne, causait peu, cachait si bien sa vie que l'on ignorait son domicile, ses protecteurs et ses moyens d'existence. On cherchait des causes à ce silence : les uns en faisaient un carbonaro, les autres un orléaniste ; ceux-ci un espion, ceux-là un homme profond. Desroys était tout uniment le fils d'un conventionnel qui n'avait pas voté la mort. Froid et discret par tempérament, il avait jugé le monde et ne comptait que sur lui-même. Républicain en secret, admirateur de Paul-Louis Courrier, il attendait du temps et de la raison publique le triomphe de ses opinions en Europe. Aussi rêvait-il la Jeune Allemagne et la Jeune Italie. Son cœur s'enflait de ce stupide amour collectif qu'il faut nommer l'*humanitarisme*, fils aîné de défunte Philantropie, et qui est à la divine Charité catholique ce que le Système est à l'Art, le Raisonnement substitué à l'OEuvre. Ce consciencieux puritain de la liberté, cet apôtre d'une impossible égalité, regrettait d'être forcé par la misère de servir le gouvernement, et faisait des démarches pour entrer dans quelque administration de Messageries. Long, sec, filandreux et grave comme un homme qui se croyait appelé à donner un jour sa tête pour le grand œuvre, il vivait d'une page de Volney, étudiait Saint-Just et s'occupait d'une réhabilitation de Robespierre, considéré comme le continuateur de Jésus-Christ.

Le dernier de ces personnages qui mérite une esquisse est le petit La Billardière. Ayant, pour son malheur, perdu sa mère, protégé par le ministre, exempt des rebuffades de la Place-Baudoyer, reçu dans tous les salons ministériels, il était haï de tout le monde, car il devait enlever une place due à la division. Les chefs se montraient polis avec lui, mais les employés l'avaient mis en dehors de leur camaraderie par une politesse grotesque inventée pour lui. Bellâtre de vingt-deux ans, long et fluet, ayant les manières d'un Anglais, insultant les bureaux par sa tenue de dandy, frisé, parfumé, colleté, venant en gants jaunes, en chapeaux à coiffes toujours neuves, ayant un lorgnon, allant déjeûner au Palais-Royal, étant d'une bêtise vernissée par des manières qui sentaient l'imitation, Benjamin de la Billardière se croyait joli garçon, et avait tous les vices de la haute société sans en avoir les grâces. Sûr d'être fait *quelque chose*, il pensait à écrire un livre pour avoir la croix comme littérateur et l'imputer à ses talens administratifs; il cajolait donc Bixiou dans le dessein de l'exploiter, mais sans avoir encore osé s'ouvrir à lui sur ce projet. Ce noble cœur attendait avec impatience la mort de son père pour succéder à un titre de baron accordé récemment, il mettait sur ses cartes *le chevalier de La Billardière*, et avait exposé dans son cabinet ses armes encadrées (*chef d'azur à trois étoiles, et deux épées en sautoir sur un fond de sable, avec cette devise*: Toujours fidèle)! Ayant la manie de s'entretenir de l'art héraldique, il avait demandé au prince de L.. pourquoi ses armes étaient si chargées, et s'était attiré cette jolie réponse : « Je ne les ai pas fait faire. » Il parlait de son dévouement à la monarchie, et des bontés que la duchesse d'Angoulême avait pour lui. Très-bien avec des Lupeaulx, il déjeûnait souvent avec lui, et le croyait son ami. Bixiou, posé comme son mentor, espérait débarrasser la division et la France de ce jeune fat en le jetant dans la débauche, et il avouait hautement son projet.

Telles étaient les principales physionomies de la division La Billardière, où il se trouvait encore quelques autres employés dont les mœurs ou les figures se rapprochaient ou s'éloignaient plus ou moins de celles-ci. Il y avait par exemple, dans le bureau Baudoyer, des gens nommés Chazelle, Paulmier, employés à front chauve, frileux, bardés de flanelles, perchés à des cinquièmes étages, y cultivant des fleurs, ayant des cannes d'épine, de vieux habits râpés, le parapluie en permanence ; tenant le milieu entre les portiers heureux et les ouvriers gênés, trop loin des centres administratifs pour songer à un avancement quelconque ; enfin les pions de l'échiquier bureaucratique, heureux d'être de garde pour ne pas être au bureau, capables de tout pour une gratification, et dont l'existence était un problème pour ceux-là mêmes qui les employaient.

CHAPITRE V.

LA MACHINE EN MOUVEMENT.

Il faut avoir hanté les bureaux pour reconnaître à quel point la vie y ressemble à celle des colléges ; mais partout où les hommes vivent collectivement, cette similitude est frappante : au régiment, dans les tribunaux, vous retrouvez le collége plus ou moins agrandi. Tous ces employés, réunis pendant leurs séances de huit heures dans les bureaux, y voyaient une espèce de classe où il y avait des devoirs à faire, où les chefs remplaçaient les préfets d'études, où les gratifications étaient comme des prix de bonne conduite donnés à des protégés, où l'on se moquait les uns des autres, où l'on se haïssait et où il existait néanmoins une sorte de camaraderie ; mais déjà plus froide que celle du régiment, qui elle-même est moins forte que celle des colléges, car, à mesure que l'homme s'avance dans la vie, l'égoïsme se développe et relâche les liens secondaires en affection.

En ce moment, la division de M. le baron de La Billardière était en proie à une agitation extraordinaire bien justifiée par l'événement qui allait s'y accomplir, car les chefs de division ne meurent pas tous les jours, et il n'y a pas de tontine où les probabilités de vie ou de mort se calculent avec plus de sagacité que dans les bureaux. L'intérêt y étouffe toute pitié comme chez les enfans, mais avec l'hypocrisie de plus.

Vers huit heures, les employés du bureau Baudoyer arrivaient à leur poste, tandis qu'à neuf heures ceux de Rabourdin commençaient à peine à se montrer, ce qui n'empêchait pas d'expédier la besogne beaucoup plus rapidement chez Rabourdin que chez Baudoyer. Dutocq avait de graves raisons pour être venu de si bonne heure. Entré furtivement la veille dans le cabinet où travaillait Sébastien, il l'avait vu copiant un travail pour Rabourdin ; il était resté secrètement, avait vu sortir Sébastien sans papiers : sûr alors de trouver cette minute assez volumineuse et la copie cachées en un endroit quelconque, il avait fouillé tous les cartons l'un après l'autre, et trouvé ce terrible état. Il s'était empressé d'aller chez le directeur d'un établissement autographique faire tirer deux exemplaires de ce travail au moyen d'une presse à copier, et possédait ainsi l'écriture même de Rabourdin. Pour ne pas éveiller le soupçon, il s'était hâté de replacer la minute dans le carton, en se rendant le premier au bureau. Retenu jusqu'à minuit rue Duphot, Sébastien avait été devancé par la haine, malgré sa diligence : la haine demeurait rue Saint-Louis-Saint-Honoré, tandis que le dévouement demeurait rue du Roi-Doré au Marais. Ce simple retard pesa sur toute la vie de Rabourdin. Sébastien, pressé d'ouvrir le carton, y trouva sa copie inachevée, la minute en ordre, et les serra dans la caisse de son chef. Vers la fin de décembre, il fait souvent peu clair le matin dans les bureaux, il en est même plusieurs où l'on gardait des lampes jusqu'à dix heures, Sébastien ne put donc remarquer la pression de la pierre sur le papier. Mais quand, vers les huit heures et demie, Rabourdin examina sa minute, il aperçut d'autant mieux l'effet produit par les procédés de l'autographie, qu'il s'en était beaucoup occupé pour vérifier si les presses autographiques remplaceraient les expéditionnaires. Le chef de bureau s'assit dans son fauteuil, prit ses pincettes et se mit à arranger méthodiquement son feu, tant il fut absorbé par ses réflexions. Curieux de savoir entre les mains de qui se trouvait son secret, il manda Sébastien.

— Quelqu'un est venu avant vous au bureau, lui demanda-t-il.

— Oui, dit Sébastien, M. Dutocq.

— Bien, il est exact. Envoyez-moi Antoine.

Trop grand pour affliger inutilement Sébastien en lui reprochant un malheur consommé, Rabourdin ne lui dit rien. Antoine vint, Rabourdin lui demanda si la veille il n'était pas resté quelques employés après quatre heures; le garçon de bureau lui nomma Dutocq comme ayant travaillé plus tard que M. de la Roche. Rabourdin congédia le garçon par un signe de tête, et reprit le cours de ses réflexions.

— A deux fois, j'ai empêché sa destitution, se dit-il. Voilà ma récompense.

Cette matinée devait être pour le chef de bureau comme le moment solennel où les grands capitaines décident d'une bataille en pesant toutes les chances. Connaissant mieux que personne l'esprit des bureaux, il savait qu'on n'y pardonne pas plus là qu'on ne le pardonne au collége ni à l'armée, ce qui ressemble à la délation, à l'espionnage ; qu'un homme capable de fournir des notes sur ses camarades est honni, perdu, vilipendé ; que les ministres abandonnent en ce cas leurs propres instrumens. Un employé doit alors donner sa démission et quitter Paris, son honneur est à jamais taché : les explications sont inutiles, personne n'en demande ni n'en veut écouter. A ce jeu, un ministre est un grand homme, il est censé choisir les hommes; mais un simple employé passe pour un espion, quels que soient ses motifs. Tout en mesurant le vide de ces sottises, il les savait immenses, et s'en voyait accablé. Plus surpris qu'attéré, Rabourdin chercha la meilleure conduite à tenir dans cette circonstance. Il resta donc étranger au mouvement des bureaux mis en émoi par la mort de M. de La Billardière, et ne l'apprit que par le secrétaire particulier du ministre.

Or donc, dans le bureau des Baudoyer, Bixiou racontait les derniers momens du directeur de la division à Minard, à Desroys, à M. Godard qu'il avait fait sortir de son bureau, à Dutocq accouru près de lui par un double motif. Colleville et Chazelle manquaient.

Bixiou (*debout devant le poële, à la bouche duquel il présente alternativement la semelle de chaque botte pour la sécher*).

Ce matin, à sept heures et demie, je suis allé savoir des nouvelles de notre digne et respectable chef, chevalier du Christ, etc., etc., etc., etc., Mon Dieu oui, messieurs! il était encore hier vingt *et cætera*; mais aujourd'hui il n'est plus rien, pas même employé. J'ai demandé les détails de sa nuit. Sa garde, qui se rend et ne meurt pas, me dit que, le matin dès cinq heures, il s'était inquiété de la famille royale. Il s'était fait lire les noms de ceux qui venaient du bureau savoir de ses nouvelles. Enfin, il avait dit : — « *Emplissez ma tabatière, donnez-moi le journal, apportez-moi mes besicles ; changez mon ruban de la Légion-d'Honneur, il est bien sale.* » Vous le savez, il porte ses ordres au lit. Il avait donc toute sa connaissance, toute sa tête, toutes ses idées habituelles. Mais bah! dix minutes après, l'eau avait gagné, gagné, gagné le cœur, gagné la poitrine, il s'était senti mourir en sentant les kystes crever. En ce moment fatal, il a prouvé combien il avait la tête forte et combien était vaste son intelligence ! Ah ! nous ne l'avons pas apprécié, nous autres ! Nous nous moquions de lui, nous le regardions comme une ganache, tout ce qu'il y a de plus ganache, n'est-ce pas, M. Godard ?

GODARD.

Moi, j'estimais les talens de M. de La Billardière mieux que qui que ce soit.

BIXIOU.

Vous vous compreniez !

GODARD.

Enfin, ce n'était pas un méchant homme, il n'a jamais fait de mal à personne.

BIXIOU.

Pour faire le mal, il faut faire quelque chose, et il ne faisait rien. Si ce n'est pas vous qui l'aviez jugé tout-à-fait incapable, c'est donc Minard.

MINARD (*en haussant les épaules*).

Moi !

BIXIOU.

Eh bien vous, Dutocq ? (*Dutocq fait un signe de violente dénégation*). Bon! allons, personne! Il était donc accepté par tout le monde ici pour une tête herculéenne! Hé bien, vous aviez raison, il a fini en homme d'esprit, de talent, de tête, enfin comme un grand homme qu'il était.

DESROYS (*impatienté*).

Mon Dieu, qu'a-t-il fait de si grand ? il s'est confessé!

BIXIOU.

Oui, monsieur, et il a voulu recevoir les saints-sacremens. Mais pour les recevoir, savez-vous comment il s'y est pris? il a mis ses habits de gentilhomme ordinaire de la chambre, tous ses ordres, enfin il s'est fait poudrer, on lui a serré sa queue dans un ruban neuf. Or, je dis qu'il n'y a qu'un homme de beaucoup de caractère qui puisse se faire faire la queue au moment de sa mort. Nous voilà huit ici, il n'y en a pas un seul de nous qui se la ferait faire. Ce n'est pas tout, il a dit, car vous savez qu'en mourant tous les hommes font un dernier *speech* (un mot anglais qui signifie *tartine parlementaire*), il a dit... Comment a-t-il dit cela?... Ah! « *Je dois bien me parer pour recevoir le Roi du ciel, moi qui me suis tant de fois mis sur mon quarante et un pour aller chez le Roi de la terre!* » Voilà comment a fini M. de La Billardière, il a pris à tâche de justifier ce mot de Pythagore : On ne connaît bien les hommes qu'après leur mort.

COLLEVILLE (*entrant*).

Enfin, messieurs, je vous annonce une fameuse nouvelle....

TOUS.

Nous la savons.

COLLEVILLE.

Je vous en défie bien de la savoir ! J'y suis depuis l'avénement de Sa Majesté aux trônes collectifs de France et de Navarre. Je l'ai achevée cette nuit avec tant de peine, que madame Colleville me demandait ce que j'avais à me tant tracasser.

DUTOCQ.

Croyez-vous qu'on ait le temps de s'occuper de vos anagrammes, quand le respectable M. de La Billardière vient d'expirer ?...

COLLEVILLE.

M. La Billardière, ste farce ! J'en viens, il vivait encore, mais on l'attend à passer......
(*Godard comprend la charge et s'en va mécontent dans son cabinet.*) Messieurs, vous ne devineriez jamais les événemens que suppose l'anagramme de cette phrase sacramentale (*Il montre un papier*).

Charles dix, par la grâce de Dieu, roi de France et de Navarre.

GODARD (*revenant*).

Dites-le tout de suite et n'amusez pas ces messieurs.

COLLEVILLE (*triomphant et montrant la partie cachée de sa feuille de papier*).

A H. V. il cedera

De S. C. l. d. partira.

En nauf errera.

Decede à Gorix.

Toutes les lettres y sont! (*Il répète.*) A Henri cinq cédera (sa couronne), de Saint-Cloud partira, en nauf (esquif, vaisseau, felouque, corvette, tout ce que vous voudrez, c'est un vieux mot français) errera...

DUTOCQ.

Quel tissu d'absurdités! Comment voulez-vous que le roi cède la couronne à Henri V, son petit-fils, quand il y a monseigneur le Dauphin?

BIXIOU.

Qu'est-ce que Gorix? un nom de chat.

COLLEVILLE (*piqué*).

L'abréviation lapidaire d'un nom de ville, Monsieur. Je l'ai cherché dans Maltebrun : Goritz, en latin *Gorixia*, située en Bohême ou Hongrie, enfin en Autriche....

BIXIOU.

Tyrol, provinces basques, ou Amérique du sud.

GODARD (*levant les épaules et s'en allant*).

Quelles bêtises !

COLLEVILLE.

Bêtises, bêtises ! je voudrais bien que vous vous donnassiez la peine d'étudier le fatalisme, religion de l'empereur Napoléon.

GODARD (*piqué du ton de Colleville*).

Monsieur Colleville, Bonaparte peut être dit *empereur* par les historiens, mais on ne doit pas le reconnaître en cette qualité dans les bureaux.

BIXIOU (*souriant*).

Cherchez cet anagramme là ?

DUTOCQ.

Si ce n'était pas des bêtises, vous perdriez votre place, car vous prophétisez des événemens peu agréables au roi, qui, comme tout bon royaliste le présume, a eu assez de séjour à l'étranger.

COLLEVILLE.

Tous les anagrammes connus ont cependant été accomplis.

DUTOCQ.

Avez-vous fait celui de : *Xavier Rabourdin, chef de bureau ?*

COLLEVILLE.

Parbleu !

BIXIOU (*taillant sa plume*).

Qu'avez-vous trouvé ?

COLLEVILLE.

Il fait ceci.

D'abord, rêva bureaux,
E-u....

Saisissez-vous bien, ET IL EUT !

E-u fin riche.

Ce qui signifie qu'après avoir commencé

dans l'administration, il la plantera là, pour faire fortune ailleurs. (*Il répète.*)

D'abord réva bureaux,
E-u fin riche.

DUTOCQ.

C'est au moins singulier.

BIXIOU.

Et Isidore Baudoyer ?

COLLEVILLE (*avec mystère*).

Je ne voudrais pas le dire à d'autres qu'à Thuillier.

BIXIOU.

Gage un dejeûner que je le dis.

COLLEVILLE.

Je le paie, si vous le trouvez ?

BIXIOU.

Vous le paierez donc, en faisant un pouf à madame de Colleville. *Isidore Baudoyer* donne : *Ris d'aboyeur d'oie !*

COLLEVILLE (*frappé d'étonnement*).

Vous me l'avez volé.

BIXIOU.

Monsieur, faites-moi l'honneur de me croire assez riche en niaiseries pour ne pas dérober celles de mon prochain.

BAUDOYER (*entrant un dossier à la main*).

Messieurs, je vous en prie, parlez encore un peu plus haut, vous mettez le bureau en très-bon renom auprès des administrateurs. Le digne monsieur Clergeot, qui m'a fait l'honneur de venir me demander un renseignement, entendait vos propos (*il passe chez M. Godard*).

BIXIOU (*à voix basse*).

L'aboyeur est bien doux ce matin, nous aurons un changement dans l'atmosphère.

DUTOCQ (*bas à Bixiou*).

J'ai quelque chose à vous dire.

BIXIOU (*tâtant le gilet de Dutocq*).

Vous avez un joli gilet qui sans doute ne vous coûte presque rien. Est-ce là le secret ?

DUTOCQ.

Comment pour rien ! je n'ai jamais rien payé de si cher. Cela vaut six francs l'aune au grand magasin du Revenant, rue de la Paix, une belle étoffe mate qui va bien en grand deuil.

BIXIOU.

Vous vous connaissez en gravures, mais vous ignorez les lois de l'étiquette, on ne peut pas être universel. La soie n'est pas admise dans le grand deuil. Aussi n'ai-je que de la laine. M. Rabourdin, M. Clergeot, le ministre sont tout laine ; le faubourg Saint-Germain tout laine. Il n'y a que Minard qui ne porte pas de laine, il a peur d'être pris pour un mouton, nommé *Laniger* en latin de Bucolique ; il s'est dispensé, sous ce prétexte, de se mettre en deuil de Louis XVIII, grand législateur, auteur de la charte et homme d'esprit, un roi qui tiendra bien sa place dans l'histoire; comme il la tenait sur le trône, comme il la tenait bien partout; car savez-vous le plus beau trait de sa vie? non. Eh bien! à sa seconde rentrée, en recevant tous les souverains alliés, il a passé le premier en allant à table.

COLLEVILLE (*regardant Dutocq*).

Je ne vois pas...

DUTOCQ (*regardant Colleville*).

Ni moi non plus.

BIXIOU.

Vous ne comprenez pas? Eh bien! il ne se regardait pas comme chez lui. C'était spirituel, grand et épigrammatique. Les souverains n'ont pas plus compris que vous, même en se cotisant pour comprendre.

(*Baudoyer, pendant cette conversation, est au coin de la cheminée dans le cabinet de son sous-chef, et tous deux parlent à voix basse.*)

BAUDOYER.

Oui, le digne homme expire. Les deux ministres y sont pour recevoir son dernier soupir, mon beau-père vient d'être averti de l'événement. Si vous voulez me rendre un signalé service, vous prendrez un cabriolet et vous irez prévenir madame Baudoyer, car M. Saillard ne peut quitter sa caisse et moi je n'ose laisser le bureau seul. Mettez-vous à sa disposition : elle a, je crois, ses vues, et pourrait vouloir faire simultanément quelques démarches.

(*Les deux fonctionnaires sortent ensemble.*)

GODARD.

M. Bixiou, je quitte le bureau pour la journée, ainsi restez-y.

BAUDOYER (*d'un air benin*).

Vous me consulterez, s'il y avait lieu.

BIXIOU.

Pour le coup, La Billardière est mort!

DUTOCQ (*à l'oreille de Bixiou*).

Venez dans le cabinet.

(*Bixiou et Dutocq entrent et se regardent comme deux augures.*)

DUTOCQ (*parlant dans l'oreille de Bixiou*).

Écoutez. Voici le moment de nous entendre pour avancer! Que diriez-vous, si nous devenions vous chef et moi sous-chef.

BIXIOU (*haussant les épaules*).

Allons, pas de farces!

DUTOCQ.

Si Baudoyer était nommé, Rabourdin ne resterait pas, il donnerait sa démission. Entre nous, Baudoyer est si incapable que si Dubruel et vous, vous voulez ne pas l'aider, dans deux mois il sera renvoyé. Si je sais compter, nous aurons devant nous trois places vides.

BIXIOU.

Trois places qui nous passeront sous le nez, et qui seront données à des ventrus, à des laquais, à des espions, à des hommes de la Congrégation, à des.....

DUTOCQ.

A vous, mon cher, si vous voulez une fois dans votre vie employer votre esprit logiquement (*il s'arrête comme pour étudier sur la figure de Bixiou l'effet de son adverbe*). Jouons ensemble cartes sur table.

BIXIOU (*impassible*).

Voyons votre jeu?

DUTOCQ.

Moi je ne veux pas être autre chose que sous-chef, je me connais, je sais que je n'ai pas, comme vous, les moyens d'être chef. Dubruel peut devenir directeur, vous serez son chef de bureau, il vous laissera sa place quand il aura fait sa pelote, et moi je boulotterai, protégé par vous, jusqu'à ma retraite.

BIXIOU.

Finaud! Mais par quels moyens comptez-vous mener à bien une entreprise où il s'agit de forcer la main au ministre, d'expectorer un homme de talent? Entre nous, Rabourdin est le seul homme capable de la division, et peut-être du ministère. Or, il s'agit de mettre à sa place le carré de la sottise, le cube de la niaiserie, *la place Baudoyer!*

DUTOCQ (*se rengorgeant*).

Mon cher, je puis soulever contre Rabourdin tous les bureaux! Vous savez combien Fleury l'aime? eh bien, Fleury le méprisera.

BIXIOU.

Être méprisé par Fleury!

DUTOCQ.

Il ne lui restera personne. Les employés en masse iront se plaindre de lui au ministre, et ce ne sera pas seulement notre division, mais la division Clergeot, mais la division Bois-Levant et les autres ministères.

BIXIOU.

C'est cela! cavalerie, infanterie, artillerie et le corps des marins de la garde, en avant! Vous délirez, mon cher ! Et moi, qu'ai-je à faire là-dedans ?

DUTOCQ.

Une caricature mordante, un dessin à tuer un homme.

BIXIOU.

Le paierez-vous ?

DUTOCQ.

Cent francs.

BIXIOU (*en lui-même*).

Il y a quelque chose.

DUTOCQ (*continuant*).

Il faudrait le représenter habillé en boucher, mais bien ressemblant, chercher des analogies entre un bureau et une cuisine, lui mettre à la main un tranche-lard, peindre les principaux employés des ministères en volailles, les encager dans une immense souricière sur laquelle on écrirait : *Exécutions administratives*, et il serait censé leur couper le cou un à un. Il y aurait des oies, des canards à têtes conformées comme les nôtres, des portraits vagues, vous comprenez! il tiendrait un volatile à la main, Baudoyer, par exemple, fait en dindon.

BIXIOU.

Ris d'aboyeur d'oie! (*Il a regardé pendant long-temps Dutocq.*) Vous avez trouvé cela, vous?

DUTOCQ.

Oui, moi.

BIXIOU (*se parlant à lui-même*).

Les sentiments violents conduiraient-ils donc au même but que le génie? (*à Dutocq.*) Mon cher, je ferai cela (*Dutocq laisse échapper un mouvement de joie*), quand (*point d'orgue*) je saurai sur quoi m'appuyer, car si vous ne réussissez pas, je perds ma place, et il faut que je vive. Vous êtes encore singulièrement *bon enfant*, mon cher collègue!

DUTOCQ.

Eh bien ! ne faites la lithographie que quand le succès vous sera démontré...

BIXIOU.

Pourquoi ne videz-vous pas votre sac tout de suite ?

DUTOCQ.

Il faut auparavant aller flairer l'air du bureau, nous reparlerons de cela tantôt (*il s'en va*).

BIXIOU (*seul*).

Cette raie au beurre noir, car il ressemble plus à un poisson qu'à un oiseau, ce Dutocq a eu là une bonne idée, je ne sais pas où il l'a prise. Si la *Place Baudoyer* succède à La Billardière, ce serait drôle, mieux que drôle, nous y gagnerions! (*il rentre dans le bureau.*) Messieurs, il va y avoir de fameux changements, le papa La Billardière est décidément mort. Sans blague! parole d'honneur! Voilà Godard en course pour notre respectable chef Baudoyer, successeur présumé du défunt (*Minard, Desroys, Colleville lèvent la tête avec étonnement, tous posent leurs plumes, Colleville se mouche*). Nous allons avancer, nous autres! Minard sera peut-être commis principal. Pourquoi ne le serait-il pas? il est aussi bête que moi. Hein, Minard, si vous étiez à deux mille cinq cents, votre petite femme serait joliment contente et vous pourriez vous acheter des bottes.

COLLEVILLE.

Mais vous ne les avez pas encore, deux mille cinq cents.

BIXIOU.

M. Dutocq les a, pourquoi ne les aurais-je pas cette année? M. Baudoyer les a eus.

COLLEVILLE.

Par l'influence de M. Saillard. Aucun commis principal ne les a dans la division Clergeot.

PAULMIER.

Par exemple ? M. Cochin n'a peut-être pas trois mille ? Il a succédé à M. Vavasseur, qui a été dix ans sous l'empire à quatre mille, il a été remis à trois mille à la première rentrée, et est mort à deux mille cinq cents. Mais par la protection de son frère, M. Cochin s'est fait augmenter, il a trois mille.

COLLEVILLE.

M. Cochin signe *E. L. L. E. Cochin*, il se nomme Émile-Louis-Lucien-Emmanuel, ce qui *anagrammé* donne *Cochenille*. Eh bien, il est associé d'une maison de droguerie, rue des Lombards, laquelle s'enrichit par une spéculation sur cette denrée coloniale. Je le vois chez Thuillier, il est de la première force sur le violon. (*A Bixiou qui ne s'est pas encore mis au travail.*) Vous devriez venir chez Thuillier entendre un concert, mardi prochain. On joue un *quintetto* de Reicha.

BIXIOU.

Merci, je préfère regarder la partition.

BAUDOYER (*revenant*).

M. Chazelle n'est pas encore venu, vous lui ferez mes complimens, Messieurs.

PAULMIER (*qui a mis un chapeau à la place de Chazelle en entendant le pas de Baudoyer*).

Pardon, Monsieur, il est allé demander un dossier chez les Rabourdin.

CHAZELLE (*entrant sans voir Baudoyer*).

Le père La Billardière est enfoncé, Messieurs! Rabourdin est chef de division, maître des requêtes! il n'a pas volé son avancement, celui-là....

BAUDOYER (*à Chazelle*).

Vous avez trouvé cette nomination dans votre second chapeau, Monsieur, n'est-ce pas? (*Il lui montre le chapeau qui est à sa place.*)

Voilà la troisième fois depuis le commencement du mois que vous venez après neuf heures; si vous continuez ainsi, vous ferez du chemin, mais savoir en quel sens! (*à Bixiou qui lit le journal*). Mon cher monsieur Bixiou, de grâce laissez le journal à ces messieurs qui s'apprêtent à déjeûner, et venez prendre la besogne d'aujourd'hui. Je ne sais pas ce que M. Rabourdin fait de Gabriel ; il le garde, je crois, pour son usage particulier. Je l'ai sonné trois fois. (*Baudoyer et Bixiou sortent.*)

CHAZELLE.

Damné sort !

PAULMIER.

Ils ne t'ont donc pas dit en bas qu'il était monté ? D'ailleurs ne pouvais-tu regarder en entrant, voir le chapeau à ta place, et l'éléphant....

COLLEVILLE (*riant*).

Dans la ménagerie.

PAULMIER.

Il est assez gros pour être visible.

CHAZELLE (*au désespoir*).

Parbleu, pour quatre francs soixante-quinze centimes que me donne le gouvernement par jour, je ne vois pas que l'on doive être comme des esclaves.

FLEURY (*entrant*).

A bas Baudoyer! vive Rabourdin! voilà le cri de la division.

CHAZELLE (*continuant*).

Il peut bien me faire destituer s'il le veut, je n'en serai pas plus triste. Il y a mille moyens de gagner cinq francs par jour! on les gagne au Palais à faire des copies pour les avoués..

COLLEVILLE.

Vous dites cela, mais une place est une place.

FLEURY (*tenant le tuyau du poêle embrassé*).

Encore une vexation de Baudoyer! Ah! quel singulier pistolet vous avez là? Parlez-moi de

M. Rabourdin, voilà un homme. Il m'a mis de la besogne sur ma table, il faudrait trois jours pour l'expédier ici. Eh bien ! il l'aura pour ce soir quatre heures. Mais il n'est pas sur mes talons pour m'empêcher de venir causer avec les amis. Dites donc, Messieurs, il y a du remue-ménage ! Dubruel est mandé au secrétariat-général, Dutocq y va ! Tout le monde se demande qui sera nommé. Ce serait une fameuse injustice si Rabourdin *la gobait !* Ma foi ! je quitterais le ministère (*personne ne répond*). Avez-vous trouvé votre anagramme, papa Colleville ?

COLLEVILLE.

Oui, la voici.

FLEURY (*penché sur le bureau de Colleville*).

Fameux ! fameux ! Voilà ce qui ne manquera pas d'arriver si le gouvernement continue son métier d'hypocrite. S'il disait franchement son intention sans conserver d'arrière-pensée, les libéraux verraient alors ce qu'ils auraient à faire. Un gouvernement qui a contre lui ses meilleurs amis, et des hommes comme ceux des *Débats*, comme Châteaubriand et Royer-Collard ! ça fait pitié !

COLLEVILLE (*après avoir consulté ses collègues*).

Tenez, Fleury, vous êtes un bon enfant ; mais ne parlez pas politique ici, vous ne savez pas le tort que vous nous faites.

FLEURY (*sèchement*).

Adieu, Messieurs. Je vais expédier. (*Il revient.*) Savez-vous que le théâtre a fait hier mille écus avec la pièce nouvelle, quoiqu'elle soit à sa quarantième représentation? Vous devriez venir la voir, Philippe y est superbe.

En ce moment, des Lupeaulx recevait au secrétariat Dubruel, à la suite duquel Dutocq s'était mis. Des Lupeaulx avait appris par son valet de chambre la mort de M. La Billardière et voulait plaire aux deux ministres, en faisant paraître le soir même un article nécrologique.

— Bonjour, mon cher Dubruel, dit-il au sous-chef en le voyant entrer et le laissant debout. Vous savez la nouvelle? La Billardière est mort, les deux ministres étaient présens quand il a été administré ; le bonhomme a fortement recommandé Rabourdin, disant qu'il mourrait bien malheureux s'il ne savait pas avoir pour successeur celui qui constamment avait rempli sa place. Il paraît que l'agonie est une question où l'on avoue tout.... Le ministre s'est d'autant plus engagé, que son intention, comme celle du conseil, est de récompenser les nombreux services de M. Rabourdin (*il hoche la tête*). Le Conseil-d'État réclame ses lumières. On dit que M. de La Billardière quitte la division de défunt son père, et passe à la Commission du Sceau. C'est comme si le roi lui faisait un cadeau de cent mille francs, la place est comme une charge de notaire et peut se vendre. Cette nouvelle réjouira votre division, car on pouvait croire que Benjamin y serait placé. Dubruel, il faudrait brocher dix ou douze lignes en manière de *fait-Paris*, sur le bonhomme. Leurs Excellences y jetteront un coup-d'œil (*il lit les journaux*). Savez-vous la vie du papa La Billardière? Non? eh bien! il a été mêlé aux affaires de la Vendée et n'a jamais voulu transiger avec le premier consul. Il a un peu chouanné. C'est né en Bretagne d'une famille parlementaire. Quel âge avait-il? N'importe! Arrangez bien ça.... *La loyauté qui ne s'est jamais démentie... une religion éclairée...* (le pauvre bonhomme avait pour manie de ne jamais mettre le pied dans une église), donnez-lui *du pieux serviteur...* Amenez gentiment qu'il a pu chanter le cantique de Siméon à l'avénement de Charles X. Le comte d'Artois estimait beaucoup La Billardière. Je crois qu'il a coopéré à l'affaire de Quiberon et justifié le roi dans une brochure qu'il a publiée, vous pouvez donc appuyer sur le dévouement. Enfin, pesez bien vos mots, afin que les autres journaux ne se moquent pas de nous, et apportez-moi l'article. Vous étiez hier chez Rabourdin ?

— Oui, *Monseigneur*, dit Dubruel. Ah pardon !

— Il n'y a pas de mal, répondit en riant des Lupeaulx.

— Sa femme était délicieusement belle, reprit Dubruel, il n'y a pas deux femmes pareilles dans Paris : il y en a d'aussi spirituelles, mais il n'y en a pas d'aussi gracieusement spirituelles ; une femme peut être plus belle, mais il est difficile qu'elle soit aussi variée dans sa beauté. Enfin elle sait tout, il ne faudrait pas se dire un secret en latin devant elle. Si j'avais une femme semblable, je croirais pouvoir parvenir à tout.

— Vous avez plus d'esprit qu'il n'est permis à un auteur d'en avoir, répondit des Lupeaulx avec un mouvement de vanité.

Puis il se détourna pour apercevoir Dutocq, et lui dit : — Ah! bonjour, Dutocq. Je vous ai fait demander pour vous prier de me prêter votre Charlet, s'il est complet ; la comtesse ne connait rien de Charlet.

Dubruel se retira.

— Pourquoi venez-vous sans être appelé? dit durement des Lupeaulx à Dutocq quand ils furent seuls. L'état est-il en péril pour venir me trouver à dix heures, au moment où je vais déjeûner avec Son Excellence?

— Peut-être, Monsieur, dit Dutocq. Si j'avais eu l'honneur de vous voir, vous n'auriez sans doute pas fait l'éloge du sieur Rabourdin après avoir lu le vôtre tracé par lui.

Dutocq ouvrit sa redingote, prit un cahier de papier moulé sur ses côtes gauches, et le posa sur le bureau de des Lupeaulx, à un endroit marqué. Puis il alla pousser le verrou, craignant une explosion. Voici ce que lut le secrétaire-général à son article pendant que Dutocq fermait la porte.

M. des Lupeaulx. *Un gouvernement se déconsidère en employant ostensiblement un tel homme qui a sa spécialité dans la police diplomatique. On peut l'opposer avec succès aux flibustiers politiques des autres cabinets, ce serait dommage de l'employer à la police intérieure : il est au-dessus de l'espion vulgaire, il comprend un plan, il saurait mener à bien une infamie nécessaire et savamment couvrir sa retraite.*

Des Lupeaulx était succinctement analysé en cinq ou six phrases, la quintessence du portrait biographique placé au commencement de cette histoire. Aux premiers mots, le secrétaire-général se sentit jugé par un homme plus fort que lui ; mais il voulut se réserver d'examiner ce travail qui allait loin et haut, sans livrer ses secrets à un homme comme Dutocq. Des Lupeaulx montra donc à l'espion un visage calme et grave; car le secrétaire-général, comme les avoués et les magistrats, comme les diplomates et tous ceux qui sont obligés de fouiller le cœur humain, ne s'étonnait plus de rien, il était rompu aux trahisons, aux ruses de la haine, aux piéges, et pouvait recevoir dans le dos une blessure, sans que son visage en parlât.

— Comment vous êtes-vous procuré cette pièce?

Dutocq raconta sa bonne fortune. En l'écoutant, la figure de des Lupeaulx ne témoignait aucune approbation. Aussi l'espion finit-il en grande crainte le récit qu'il avait commencé triomphalement.

— Dutocq, vous avez mis le doigt entre l'écorce et l'arbre, répondit sèchement le secrétaire-général. Si vous ne voulez pas vous faire de très-puissans ennemis, gardez le plus profond secret sur ceci, qui est un travail de la plus haute importance et à moi connu.

Des Lupeaulx renvoya Dutocq par un de ces regards qui sont plus expressifs que la parole.

— Ah, ce scélérat de Rabourdin s'en mêle aussi ! se disait Dutocq épouvanté de trouver un rival dans son chef. Il est dans l'état-major quand je suis à pied ! Je ne l'aurais pas cru !

A tous ses motifs d'aversion contre Rabourdin se joignit la jalousie de l'homme de métier contre un confrère, un des plus violens ingrédiens de haine.

Quand des Lupeaulx fut seul, il tomba dans une étrange méditation. De quel pouvoir Rabourdin était-il l'instrument ? Fallait-il profiter de ce singulier document pour le perdre, ou s'en armer pour réussir auprès de sa femme ? Ce mystère fut tout obscur pour des Lupeaulx, qui parcourait avec effroi les pages de cet état où les hommes de sa connaissance étaient jugés avec une profondeur inouïe. Il admirait Rabourdin, tout en se sentant blessé au cœur par lui. L'heure du déjeûner le surprit dans sa lecture.

— Monseigneur va vous attendre si vous ne descendez pas, vint lui dire le valet de chambre du ministre.

Le ministre déjeûnait avec sa femme, ses enfans et des Lupeaulx, sans domestiques. Le repas du matin est le seul moment d'intimité que les hommes d'état peuvent conquérir sur le mouvement de leurs dévorantes affaires. Mais, malgré les ingénieuses barrières par lesquelles ils défendent cette heure de causerie intime et de laissez-aller donnée à leur famille et à leurs affections, beaucoup de grands et de petits savent les franchir. Les affaires viennent souvent, comme en ce moment, se jeter à travers leur joie.

— Je croyais Rabourdin un homme au-dessus des employés ordinaires, et le voilà qui, dix minutes après la mort de La Billardière, invente de me faire parvenir par La Brière un vrai billet de théâtre. Tenez, dit le ministre à des Lupeaulx en lui donnant un papier qu'il roulait entre ses doigts.

Trop noble pour songer au sens honteux que la mort de M. La Billardière prêtait à sa lettre, Rabourdin ne l'avait pas retirée des mains de La Brière en apprenant par lui la nouvelle. Des Lupeaulx lut ce qui suit :

« *Monseigneur*,

» *Si vingt-trois ans de services irréprochables peuvent mériter une faveur, je supplie Votre Excellence de m'accorder une audience aujourd'hui même, il s'agit d'une affaire où mon honneur se trouve engagé.* »

Suivaient les formules de respect.

— Pauvre homme, dit des Lupeaulx avec un ton de compassion qui laissa le ministre dans son erreur. Nous sommes entre nous, faites-le venir. Vous avez conseil après la chambre, et votre excellence doit aujourd'hui répondre à l'opposition; il n'y a pas d'autre heure où vous puissiez le recevoir.

Des Lupeaulx se leva, demanda l'huissier, lui dit un mot, et revint s'asseoir à table.

— Je l'ajourne au dessert, dit-il.

Comme tous les ministres de la restauration, le ministre était un homme sans jeunesse. La charte concédée par Louis XVIII avait le défaut de lier les mains aux rois en les forçant à livrer les destinées du pays aux quadragénaires de la chambre des députés et aux septuagénaires de la pairie, de les dépouiller du droit de saisir un homme de talent politique là où il était, malgré sa jeunesse ou malgré la pauvreté de sa condition. Napoléon seul put employer des jeunes gens à son choix, sans être arrêté par aucune considération. Aussi, depuis la chute de cette grande volonté, l'énergie avait-elle déserté le pouvoir. Or, faire succéder la mollesse à la vigueur est un contraste plus dangereux en France qu'en tout autre pays. En général, les ministres arrivés vieux ont été médiocres, tandis que les ministres pris jeunes ont été l'honneur des monarchies européennes et des républiques où ils dirigèrent les affaires. Le monde retentissait encore de la lutte de Pitt et de Napoléon, deux hommes qui conduisirent la politique à l'âge où les Henri de Navarre, les Richelieu, les Mazarin, les Colbert, les Louvois, les d'Orange, les Guise, les la Rovère, les Machiavel, enfin tous les grands hommes connus, partis d'en bas ou nés aux environs des trônes, commencèrent à gouverner des états. La Convention, modèle d'énergie, fut composée en grande partie de têtes jeunes. Aucun souverain ne doit oublier qu'elle sut opposer quatorze armées à l'Europe. Sa politique, fatale aux yeux de ceux qui tiennent pour le pouvoir absolu, n'en était pas moins dictée par les vrais principes. Elle se conduisit comme un grand roi. Après dix ou douze années de luttes parlementaires, après avoir ressassé la politique et s'y être harassé, ce ministre avait été véritablement intronisé par un parti qui le considérait comme son homme d'affaires. Heureusement pour lui-même, il approchait plus de soixante ans que de cinquante: s'il avait conservé quelque vigueur juvénile, il aurait été promptement brisé. Mais habitué à rompre, à faire retraite, à revenir à la charge, il pouvait se laisser frapper tour à tour par son parti, par l'opposition, par la cour, par le clergé, en leur opposant la force d'inertie d'une matière à la fois molle et consistante ; enfin, il avait les bénéfices de son malheur. Gehenné dans mille questions de gouvernement, comme est le jugement d'un vieil avocat après avoir tout plaidé, son esprit ne possédait plus ce vif que gardent les esprits solitaires, ni cette prompte décision des gens accoutumés de bonne heure à l'action, et qui se distingue chez les jeunes militaires. Pouvait-il en être autrement ? il avait constamment chicané au lieu de juger, il avait critiqué les effets sans assister aux causes, il avait surtout la tête pleine des mille théories qu'un parti lance à son chef, des programmes que les intérêts privés apportent à un orateur d'avenir, en l'embarrassant de plans et de conseils inexécutables. Loin d'arriver frais, il était arrivé fatigué de ses marches et contre-marches. Puis en prenant position sur la sommité tant désirée, il s'y était accroché à mille buissons épineux, il y avait trouvé mille volontés contraires à concilier. Si les hommes d'état de la Restauration avaient pu suivre leurs propres idées, leurs capacités seraient sans doute moins exposées à la critique ; mais si leurs vouloirs furent entraînés, leur âge les sauva en ne leur permettant plus de déployer cette résistance qu'on sait opposer au début de la vie à ces intrigues à la fois basses et élevées qui vainquirent quelquefois Richelieu, et auxquelles, dans une sphère moins élevée, Rabourdin allait se prendre. Après les tiraillemens de leurs premières luttes, ces gens, moins vieux que vieillis, eurent les tiraillemens ministériels. Ainsi leurs yeux se troublaient déjà quand il fallait la perspicacité de l'aigle, leur esprit était lassé quand il fallait redoubler de verve. Le ministre à qui Rabourdin voulait se confier entendait journellement des hommes d'une incontestable supériorité lui exposer les théories les plus ingénieuses, applicables ou inapplicables aux affaires de la France. Ces gens à qui les difficultés de la politique générale étaient cachées l'assaillaient au retour d'une bataille parlementaire, d'une lutte avec les secrètes imbécillités de la cour, ou à la veille d'un combat avec l'esprit public, ou le lendemain d'une question diplomatique qui avait déchiré le conseil en trois opinions. Dans cette situation, un ministre tient naturellement un bâillement tout prêt au service de la première phrase où il s'agit de mieux ordonner la chose publique. Il ne se faisait pas alors de dîner où les plus audacieux spéculateurs, où les hommes des coulisses financières et politiques, ne résumassent en un mot profond les opinions de la bourse et de la banque, celles surprises à la diplomatie, et les plans que comportait la situation de l'Europe. Le ministre avait sa femme de ménage pour ruminer cette nourriture, pour contrôler et analyser les intérêts qui parlaient par tant de voix habiles. Des Lupeaulx lui allait, et il croyait en lui. Des Lupeaulx lui triait les conseils qui lui convenaient; car son malheur, qui sera celui de tous les ministres sexagénaires, était de biaiser avec toutes les difficultés : avec le journalisme que l'on voulait en ce moment amortir sourdement au lieu de l'abattre franchement; avec la question financière, comme avec les questions d'industrie; avec le clergé, comme avec la question des biens nationaux; avec le libéralisme, comme avec la Chambre. Cet homme avait tourné le pouvoir en sept ans, il croyait pouvoir tourner ainsi toutes les questions. Il est si naturel de vouloir se maintenir par les moyens qui servirent à s'élever, que nul n'osait blâmer un système inventé par la médiocrité pour plaire à des esprits médiocres. La Restauration et la Révolution polonaise ont su démontrer, aux nations comme aux princes, ce que vaut un homme, et ce qui arrive quand il leur manque. Le dernier et le plus grand défaut de ces hommes d'état fut leur honnêteté, dans une lutte où leurs adversaires employaient toutes les ressources de la friponnerie politique, le mensonge et les calomnies, en déchaînant contre eux, par les moyens les plus subversifs, des masses inintelligentes, habiles seulement à comprendre le désordre.

Rabourdin s'était dit tout cela. Mais il venait de se décider à jouer le tout pour le tout, comme un homme qui lassé par le jeu ne s'accorde plus qu'un coup ; et le hasard lui donnait un tricheur pour adversaire en la personne de des Lupeaux. Néanmoins, quelle que fût sa sagacité, le chef du bureau, plus savant en administration qu'en optique parlementaire, n'imaginait pas toute la vérité : il ne savait pas que le grand travail qui avait rempli sa vie allait devenir une théorie pour le ministre, et qu'il était impossible à l'homme d'état de ne pas le confondre avec les novateurs du dessert, avec les causeurs du coin du feu.

Au moment où le ministre debout, au lieu de penser à Rabourdin, songeait à Casimir Périer, et n'était retenu que par sa femme qui lui offrait une grappe de raisin, le chef de bureau fut annoncé par l'huissier. Des Lupeaulx avait bien compté sur la disposition où devait être le ministre préoccupé de ses improvisations ; aussi, voyant l'homme d'état aux prises avec sa femme, alla-t-il au devant de Rabourdin et le foudroya-t-il par ces paroles.

— Son Excellence et moi nous sommes instruits de ce qui vous préoccupe, et vous n'avez rien à craindre (*baissant la voix*) ni de Dutocq (*reprenant sa voix ordinaire*) ni de qui que ce soit.

— Ne vous tourmentez point, Rabourdin, lui dit Son Excellence avec bonté mais en faisant un mouvement de retraite.

Rabourdin s'avança respectueusement, et le ministre ne put l'éviter.

— Votre Excellence daignerait-elle me permettre de lui dire deux mots en particulier, fit Rabourdin en jetant à l'Excellence une œillade mystérieuse.

Le ministre regarda la pendule et se dirigea vers la fenêtre où le suivit le pauvre chef.

— Quand pourrai-je avoir l'honneur de soumettre l'affaire à votre Excellence, afin de lui expliquer le nouveau plan d'administration auquel se rattache la pièce que l'on doit entacher...

— Un plan d'administration ! dit le ministre

en fronçant les sourcils et l'interrompant. Si vous avez quelque chose en ce genre à me communiquer, attendez le jour où nous travaillerons ensemble : j'ai conseil aujourd'hui, je dois une réponse à la chambre sur l'incident que l'opposition a élevé hier à la fin de la séance. Votre jour est mercredi prochain, nous n'avons pas travaillé hier, car hier je n'ai pu m'occuper des affaires du ministère. Les affaires politiques ont nui aux affaires purement administratives.

— Je remets mon honneur avec confiance entre les mains de votre Excellence, dit gravement Rabourdin, et je la supplie de ne pas oublier qu'elle ne m'a pas laissé le temps d'une explication immédiate à propos d'une pièce....

— Mais ne craignez donc rien, dit des Lupeaulx en s'avançant entre le ministre et Rabourdin qu'il interrompit, avant huit jours vous serez sans doute nommé.....

Le ministre se mit à rire en songeant à l'enthousiasme de des Lupeaulx pour madame Rabourdin, et il guigna sa femme qui sourit. Rabourdin, surpris de ce jeu muet, en chercha la signification, il cessa de tenir sous son regard le ministre un moment, et l'Excellence en profita pour se sauver.

— Nous causerons ensemble de tout cela, dit des Lupeaulx devant qui le chef de bureau se trouva seul, non sans surprise. Mais n'en voulez pas à Dutocq, je vous réponds de lui.

— Madame Rabourdin est une femme charmante, dit la femme du ministre au chef de bureau pour lui dire quelque chose.

Les enfans regardaient Rabourdin avec curiosité. Rabourdin s'attendait à quelque chose de solennel, et il était comme un gros poisson pris dans les mailles d'un léger filet, il se débattait avec lui-même.

— Madame la comtesse est bien bonne, dit-il.

— N'aurai-je pas le plaisir de la voir un mercredi? dit la comtesse. Amenez-nous-la.

— Madame Rabourdin reçoit le mercredi, répondit des Lupeaulx qui connaissait la banalité des mercredis officiels ; mais si vous avez tant de bonté pour elle, vous avez bientôt, je crois, une soirée intime.

La femme du ministre se leva contrariée.

— Vous êtes le maître de mes cérémonies, dit-elle à des Lupeaulx.

Paroles ambiguës par lesquelles elle exprima la contrariété que lui causait des Lupeaulx en entreprenant sur ses soirées intimes où elle n'admettait que des personnes de choix. Elle sortit en saluant Rabourdin. Des Lupeaulx et le chef de bureau furent donc seuls dans le petit salon où le ministre déjeûnait en famille. Des Lupeaulx froissait entre ses doigts la lettre confidentielle que La Brière avait remise au ministre. Rabourdin la reconnut.

— Vous ne me connaissez pas bien, dit-il au

chef de bureau en lui souriant. Vendredi soir, nous nous entendrons à fond. En ce moment, je dois faire l'audience; le ministre me la laisse aujourd'hui sur le dos, car il se prépare pour la chambre. Mais je vous le répète, Rabourdin, ne craignez rien.

Rabourdin chemina lentement par les escaliers, confondu de la singulière tournure que prenaient les choses. Il s'était cru dénoncé par Dutocq, et ne se trompait point. Des Lupeaulx avait entre les mains l'état où il était jugé si sévèrement et des Lupeaulx le caressait! Les gens droits comprennent difficilement les intrigues embrouillées, et Rabourdin se perdait dans ce dédale, sans pouvoir deviner le jeu que jouait le secrétaire-général.

— Ou il n'a pas lu son article, ou il aime ma femme !

Telles furent les deux pensées auxquelles s'arrêta le chef en traversant la cour, car le regard qu'il avait saisi la veille entre Célestine et des Lupeaulx lui revint dans la mémoire comme un éclair.

Pendant l'absence de Rabourdin, son bureau fut nécessairement en proie à une agitation violente, car dans les ministères les rapports entre les employés et leurs supérieurs sont si bien réglés, que quand l'huissier du ministre vient de la part de Son Excellence chez un chef de bureau, surtout à l'heure où elle n'est pas visible, il se fait de grands commentaires; mais la coïncidence de cette communication extrajudiciaire avec la mort de M. La Billardière lui donnait une importance insolite. M. Saillard apprit le fait par M. Clergeot, et l'annonça fort tristement à son gendre. Bixiou, qui travaillait alors avec son chef, le laissa causer avec son beau-père et se transporta dans le bureau Rabourdin où les travaux étaient interrompus.

BIXIOU (*entrant*).

Il fait chaud chez vous, messieurs? Vous ne savez pas ce qui se passe en bas. *La vertueuse*

Rabourdin est enfoncée ! Oui, destitué ! Une scène horrible chez le ministre.

DUTOCQ (*il regarde Bixiou*).

Est-ce vrai ?

BIXIOU.

A qui cela peut-il faire de la peine? ce n'est pas à vous, vous deviendrez sous-chef et Dubruel chef. M. Baudoyer passe à la division.

FLEURY.

Je gage cent francs que Baudoyer ne sera jamais chef de division.

VIMEUX.

Je me mets dans le pari. Vous y mettez-vous, M. Poiret ?

POIRET.

J'ai ma retraite au premier janvier.

BIXIOU.

Comment nous ne verrons plus vos souliers à cordons ? que deviendra le ministère. Qui se met de mon pari ?

DUTOCQ.

Je ne puis en être, je parierais à coup sûr. M. Rabourdin est nommé, M. de La Billardière l'a recommandé sur son lit de mort aux deux ministres, en s'accusant d'avoir touché les émolumens d'une place dont M. Rabourdin faisait le travail : il a eu des scrupules de conscience ; et, sauf tout ordre supérieur, ils lui ont promis, pour le calmer, de nommer M. Rabourdin.

BIXIOU.

Messieurs, mettez-vous tous contre moi : vous voilà sept, car vous en serez, M. Phellion. Je parie un dîner de cinq cents francs au Rocher de Cancale que M. Rabourdin n'a pas la place de M. La Billardière. Ça ne vous coûtera pas cent francs à chacun, et moi j'en risque cinq cents ; je vous fais la chouette enfin. Ça va-t-il ? En êtes-vous, Dubruel ?

PHELLION (*posant sa plume*).

Môsieur, sur quoi fondez-vous cette proposition aléatoire, car aléatoire est le mot ; mais je me trompe en employant le terme de proposition, c'est *contrat* que je voulais dire? Le pari constitue un contrat.

FLEURY.

Non, car on ne peut donner le nom de contrat qu'aux conventions reconnues par le code, et le code n'accorde pas d'action pour le pari.

DUTOCQ.

C'est le reconnaître que de le proscrire.

BIXIOU.

Ça, c'est fort, mon petit Dutocq!

POIRET.

Par exemple.

FLEURY.

C'est juste. C'est comme se refuser au paiement de ses dettes, on les reconnaît.

THUILLIER.

Calembourg judiciaire!

POIRET.

Je suis aussi curieux que M. Phellion de savoir sur quelles raisons s'appuie M. Bixiou...

BIXIOU (*criant à travers le bureau*).

En êtes-vous, Dubruel ?

DUBRUEL (*apparaissant*).

Sac-à-papier, messieurs, j'ai quelque chose de difficile à faire, c'est la réclame pour la mort de M. La Billardière : de grâce ! un peu de silence, vous rirez et parierez après.

THUILLIER.

Rirez et pas rirez ! vous entreprenez sur mes calembourgs !

BIXIOU (*allant dans le bureau de Dubruel*).

C'est vrai, Dubruel, l'éloge du bon homme est une chose bien difficile, j'aurais plus tôt fait sa charge !

DUBRUEL.

Aidez-moi donc, Bixiou !

BIXIOU.

Je veux bien, quoique ces articles-là se fassent mièux en mangeant.

DUBRUEL.

Nous dînerons ensemble. (*Lisant*). *La religion et la monarchie perdent tous les jours quelques-uns de ceux qui combattirent pour elle dans les temps révolutionnaires....*

BIXIOU.

Mauvais. Je mettrais : *La mort exerce particulièrement ses ravages parmi les plus vieux défenseurs de la monarchie et les plus fidèles serviteurs du Roi dont le cœur saigne de tous ces coups.* (*Dubruel écrit rapidement*). *M. le baron Flamet de La Billardière est mort ce matin d'une hydropisie de poitrine, causée par une affection au cœur.* Voyez-vous, il n'est pas indifférent de prouver que l'on a du cœur dans les bureaux. Faut-il couler là une petite tartine sur les émotions des royalistes pendant la terreur ? Hein ! ça ne ferait pas mal. Mais non, les petits journaux diraient que les émotions ont plus frappé sur les intestins que sur le cœur. N'en parlons pas. Qu'avez-vous mis ?

DUBRUEL (*lisant*).

Issu d'une vieille souche parlementaire...

BIXIOU.

Très-bien cela ! c'est poétique et vrai.

DUBRUEL (*continuant*).

Où le dévouement pour le trône était héréditaire, aussi bien que l'attachement à la foi de nos pères, M. de La Billardière...

BIXIOU.

Je mettrais *M. le baron.*

DUBRUEL.

Mais il ne l'était pas en 1793...

BIXIOU.

C'est égal, vous savez que, sous l'Empire, Fouché rapportant une anecdote sur la Convention, où Robespierre lui parlait, la contait ainsi : « *Robespierre me dit : Duc d'Otrante, vous irez à l'Hôtel-de-Ville !* » Il y a donc un précédent.

####### DUBRUEL.

Laissez-moi noter ce mot-là ! Mais ne mettons pas *le baron*, car j'ai réservé pour la fin les faveurs qui ont plu sur lui.

####### BIXIOU.

Ah ! bien ! C'est le coup de théâtre, le tableau d'ensemble de l'article.

####### DUBRUEL.

Voyez-vous ?...

En nommant M. de La Billardière baron, gentilhomme ordinaire...

####### BIXIOU (*à part*).

Très-ordinaire.

####### DUBRUEL (*continuant*).

De la chambre, etc., le roi récompensa tout ensemble les services rendus par le prévôt qui sut concilier la rigueur de ses fonctions avec la mansuétude ordinaire aux

Bourbons, et le courage du Vendéen qui n'a pas plié le genou devant l'idole impériale. Il laisse un fils, héritier de son dévouement et de ses talens, etc.

BIXIOU.

N'est-ce pas trop monté de ton, trop riche de couleurs? j'éteindrais un peu cette poésie: l'idole impériale, plier le genou! diable! diable! Le vaudeville gâte la main et l'on ne sait plus tenir le style de la pédestre prose. Je mettrais: *il appartenait au petit nombre de ceux qui*, etc. Simplifiez, il s'agit d'un homme simple.

DUBRUEL.

Encore un mot de vaudeville. Vous feriez votre fortune au théâtre, Bixiou !

BIXIOU.

Qu'avez-vous mis sur Quiberon ? (*il lit.*) Ce n'est pas cela ! Voilà comment je rédigerais :

Il assuma sur lui dans un ouvrage récemment publié tous les malheurs de l'ex-

pédition de Quiberon, en donnant ainsi la mesure d'un dévouement qui ne reculait devant aucun sacrifice.

C'est fin, spirituel, et vous sauvez La Billardière.

DUBRUEL.

Aux dépens de qui?

BIXIOU (*sérieux comme un prêtre qui monte en chair*).

De Hoche et de Tallien. Vous ne savez donc pas l'histoire?

DUBRUEL.

Non. J'ai souscrit à la collection des Baudoin, mais je n'ai pas encore eu le temps de l'ouvrir : il n'y a pas de sujet de vaudeville, là-dedans.

PHELLION (*à la porte*).

Nous voudrions tous savoir, monsieur Bixiou, qui peut vous inciter à croire que le vertueux et digne monsieur Rabourdin, qui fait l'intérim de la division depuis neuf mois, qui est le plus ancien chef de bureau du ministère, et que le ministre au retour de chez M. de La Billardière a envoyé chercher par son huissier, ne sera pas nommé chef de division.

BIXIOU.

Papa Phellion, vous connaissez la géographie ?

PHELLION (*se rengorgeant*).

Monsieur, je m'en flatte.

BIXIOU.

L'histoire ?

PHELLION (*d'un air modeste*).

Peut-être.

BIXIOU (*le regardant*).

Votre diamant est mal accroché, il va tomber. Eh bien vous ne connaissez pas le cœur humain, vous n'êtes pas plus avancé là dedans que dans les environs de Paris.

POIRET (*bas à Vimeux*).

Les environs de Paris ? Je croyais qu'il s'agissait de M. Rabourdin.

BIXIOU.

Le bureau Rabourdin parie-t-il en masse contre moi ?

TOUS.

Oui.

BIXIOU.

Dubruel, en êtes-vous ?

DUBRUEL.

Je crois bien. Il est dans notre intérêt que notre chef passe, alors chacun dans notre bureau avance d'un cran.

THUILLIER.

D'un crâne. (*Bas à Phellion*). Il est joli celui-là.

BIXIOU.

Je gagnerai. Voici ma raison. Vous la comprendrez difficilement, mais enfin je vous la dirai tout de même. Je joue le jeu du diable. Il est juste que M. Rabourdin soit nommé (*il regarde Dutocq*). En lui, l'ancienneté, le talent et l'honneur sont reconnus, appréciés et récompensés. La nomination est même dans l'intérêt bien entendu de l'administration. (*Phellion, Poiret et Thuillier écoutent sans rien comprendre et sont comme des gens qui cherchent à voir clair dans les ténèbres.*) Eh bien, à cause de toutes ces convenances et de tous ces mérites, en reconnaissant combien la mesure est équitable et sage, je parie qu'elle n'aura pas lieu. Oui! elle manquera comme ont manqué les expéditions de Boulogne et de Russie, où le génie avait rassemblé toutes les chances de succès ; elle manquera comme manque ici bas tout ce qui semble juste et bon.

DUBRUEL.

Qui donc sera nommé ?

BIXIOU.

Plus je considère Baudoyer, plus il me semble réunir toutes les qualités contraires ; conséquemment, il sera chef de division.

DUTOCQ (*poussé à bout*).

Mais M. des Lupeaulx, qui m'a fait venir pour me demander mon Charlet, m'a dit que M. Rabourdin allait être nommé, et que le petit La Billardière passait référendaire au Sceau.

BIXIOU.

Nommé! nommé! La nomination ne se signera seulement pas dans dix jours. On nommera pour le jour de l'an. Tenez, regardez votre chef dans la cour, et dites-moi si ma vertueuse Rabourdin a la mine d'un homme en faveur, on le croirait destitué! (*Fleury se précipite à la fenêtre.*) Adieu, messieurs; je vais aller annoncer à M. Baudoyer votre nomination de M. Rabourdin, ça le fera toujours enrager, le saint homme! Puis je lui raconterai notre pari, pour lui remettre le cœur: c'est ce que nous nommons au théâtre une péripétie, n'est-ce pas, Dubruel? Qu'est-ce que cela me fait ? Si je gagne, il me prendra pour sous-chef. (*Il sort*).

POIRET.

Tout le monde accorde de l'esprit à ce monsieur, eh bien, moi, je ne puis jamais rien comprendre à ses discours (*il expédie toujours*). Je l'écoute, je l'écoute, j'entends des paroles et ne saisis aucun sens : il parle des environs de Paris à propos du cœur humain, et (*il pose sa plume et va au poêle*) dit qu'il joue le jeu du diable, à propos des expéditions de Russie et de Boulogne ! il faudrait d'abord admettre que le diable joue, et savoir quel jeu ? Je vois d'abord le jeu de dominos... (*il se mouche*).

FLEURY (*interrompant*).

Il est onze heures, le père Poiret se mouche.

DUBRUEL.

C'est vrai. Déjà ! Je cours au secrétariat.

POIRET.

Où en étais-je ?

THUILLIER.

Domino, au Seigneur ; car il s'agit du diable, et le diable est un suzerain sans charte. Mais ceci vise plus à la pointe qu'au calembourg. Ceci est le jeu de mots. Au reste, je ne vois pas de différence entre le jeu de mots et...

(*Sébastien entre pour prendre des circulaires à signer et à collationner*).

VIMEUX.

Vous voilà, beau jeune homme. Le temps de vos peines est fini, vous serez appointé ! M. Rabourdin sera nommé ! Vous étiez hier à la soirée de madame Rabourdin. Êtes-vous heureux d'aller là ! On dit qu'il y va des femmes superbes.

SÉBASTIEN.

Je ne sais pas.

FLEURY.

Vous êtes aveugle ?

SÉBASTIEN.

Je n'aime point à regarder ce que je ne saurais avoir.

PHELLION. (*enchanté*).

Bien dit ! jeune homme.

VIMEUX.

Vous faites bien attention à madame Rabourdin, que diable ! une femme charmante.

FLEURY.

Bah ! des formes maigres. Je l'ai vue aux Tuileries, j'aime bien mieux Percilliée.

PHELLION.

Mais qu'a de commun une actrice avec la femme d'un chef de bureau ?

DUTOCQ.

Toutes deux jouent la comédie.

FLEURY (*regardant Dutocq de travers*).

Le physique n'a rien à faire avec le moral, et si vous entendez par là que....

DUTOCQ.

Moi, je n'entends rien.

Un profond silence s'établit de une heure à trois heures. Tous les employés travaillent. Dubruel n'est pas revenu.

Vers trois heures et demie, les apprêts du départ, le brossage des chapeaux, le changement des habits, s'opéra simultanément dans tous les bureaux du ministère. Cette chère demi-heure, employée à de petits soins domestiques, abrégeait d'autant la séance. En ce moment, les pièces trop chaudes s'attiédissaient, l'odeur particulière aux bureaux s'évaporait, le silence revenait. A quatre heures il ne restait plus que les véritables employés, ceux qui prenaient leur état au sérieux. Un ministre aurait pu connaître les travailleurs de son ministère en faisant une tournée à quatre heures précises, espionnage qu'aucun de ces graves personnages ne s'est permis. A cette heure, dans les cours, quelques chefs s'abordèrent pour se communiquer leurs idées sur l'événement de la journée. Généralement, en s'en allant deux à deux, trois à trois, on concluait en faveur de Rabourdin ; mais les vieux routiers comme M. Clergeot branlaient le chef en disant : *habent sua sidera lites*. Saillard et Baudoyer furent poliment évités. Personne ne savait quelle parole leur dire au sujet de la mort de la Billardière, et chacun comprenait que Baudoyer pouvait désirer une place qui ne lui était pas due.

FIN DU PREMIER VOLUME.

TABLE DES MATIÈRES.

PREMIÈRE PARTIE.

ENTRE DEUX FEMMES.	17
Chap. Ier. — Le Ménage Rabourdin.	21
Chap. II. — M. des Lupeaulx.	71
Chap. III. — Les Tarets.	107

SECONDE PARTIE.

LES BUREAUX.	155
Chap. IV. — Quelques employés vus de trois quarts.	159
Chap. V. — La Machine en mouvement.	237

FIN DE LA TABLE DU PREMIER VOLUME.

www.ingramcontent.com/pod-product-compliance
Lightning Source LLC
Chambersburg PA
CBHW050258170426
43202CB00011B/1731